社会科学中的价值问题研究

梁孝 著

中央民族大学出版社

图书在版编目(CIP)数据

社会科学中的价值问题研究/梁孝 著. —北京:中央民族大学出版社,2009.6
ISBN 978－7－81108－678－2

Ⅰ.社… Ⅱ.梁… Ⅲ.①社会科学—研究 Ⅳ.C

中国版本图书馆 CIP 数据核字(2007)第 062621 号

社会科学中的价值问题研究

作　者	梁孝
责任编辑	戴佩丽
封面设计	傲腾
出 版 者	中央民族大学出版社
	北京市海淀区中关村南大街 27 号　邮编:100081
	电话:68472815(发行部)　传真:68932751(发行部)
	68932218(总编室)　　　68932447(办公室)
发 行 者	全国各地新华书店
印 刷 者	北京华正印刷有限公司
开　本	880×1230(毫米)　1/32　印张:7.5
字　数	200 千字
版　次	2009 年 6 月第 1 版　2009 年 6 月第 1 次印刷
书　号	ISBN 978－7－81108－678－2
定　价	20.00 元

版权所有　翻印必究

目 录

导言 ………………………………………………………… (1)
  0.1 选题的当代意义 ………………………………………… (1)
  0.2 课题的研究现状与存在的问题 ………………………… (4)
  0.3 本书的预设前提、问题域与思路 ……………………… (7)
  0.4 本书的内容与结构 ……………………………………… (11)
  0.5 本书存在的问题和局限 ………………………………… (14)

第1章 价值中立原则的历史、哲学基础和含义辨析 …… (16)
  1.1 价值中立原则的历史及其相关争论 …………………… (16)
    1.1.1 价值中立原则的提出、确立及其争论 ………… (16)
    1.1.2 当代西方社会科学对价值中立原则的超越 …… (23)
    1.1.3 我国思想界关于价值中立原则的争论 ………… (29)
  1.2 价值中立原则的哲学思想依据 ………………………… (33)
    1.2.1 价值中立原则的实证主义基础 ………………… (33)
    1.2.2 价值中立原则的新康德主义基础 ……………… (34)
    1.2.3 价值中立原则的逻辑实证主义基础 …………… (38)
  1.3 价值中立原则含义辨析 ………………………………… (39)
    1.3.1 事实与价值的概念界定 ………………………… (39)
    1.3.2 价值中立原则的实践和方法论含义 …………… (42)
    1.3.3 价值中立原则与现代性危机 …………………… (47)

第2章 价值中立原则的知识社会学考量 ………………… (50)
  2.1 事实与价值的分裂和物化意识 ………………………… (51)
    2.1.1 西方理性观念的转变：事实与价值分裂的直接
          原因 ………………………………………………… (51)

    2.1.2 抽象的个人观：事实与价值分裂的深层思想原因
       ……………………………………………………（54）
    2.1.3 物化意识：事实与价值分裂的本质原因 ………（57）
  2.2 价值中立原则与当代西方社会技术统治倾向 ………（61）
    2.2.1 现代西方社会技术统治主义兴起与价值中立原则
       ……………………………………………………（61）
    2.2.2 现代西方科技知识分子的兴起与价值中立原则
       ……………………………………………………（66）
  2.3 价值中立原则中的技术旨趣 ………………………（71）
    2.3.1 技术统治主义中的物化意识 ………………（71）
    2.3.2 物化意识在学术领域的扩展 ………………（74）
    2.3.3 实证主义社会科学中的"技术"旨趣 ………（78）
第3章 价值中立与社会科学的客观性 ……………………（82）
  3.1 实证主义与社会科学的客观性问题 ………………（83）
    3.1.1 事实与事实的至上性 ………………………（83）
    3.1.2 事实的至上性与失去"存在"基础的客观性
       ……………………………………………………（86）
  3.2 建构主义与社会科学的客观性问题 ………………（93）
    3.2.1 韦伯的理想类型、客观性与相对主义困境 ……（94）
    3.2.2 曼海姆的知识社会学和无社会依附的知识分子
       ……………………………………………………（99）
    3.2.3 哈贝马斯的共识真理论及其困境…………（101）
  3.3 价值中立原则与唯智主义………………………（103）
    3.3.1 唯智主义及其谬误…………………………（103）
    3.3.2 唯智主义的本质：抽象的人的观念………（106）
    3.3.3 语言的构成性与社会科学的客观性………（110）
第4章 价值中立的可能性问题研究 ……………………（117）
  4.1 从语言看价值中立原则是否可能……………………（117）

目录

4.1.1 自然科学方法是否能应用于社会科学……… (117)
4.1.2 价值的描述是否能离开价值的评价……… (124)
4.1.3 价值描述是否能与价值判断截然分开……… (131)
4.2 社会科学的双重维度……………………………… (135)
4.2.1 社会科学的构成性特征…………………… (135)
4.2.2 作为地缘文化的西方社会科学…………… (140)

第5章 超越价值中立原则 ……………………… (147)
5.1 社会是在实践基础上的主体和客体的统一……… (147)
5.1.1 社会是在实践基础上的主体和客体的统一体
……………………………………………… (148)
5.1.2 思维与社会存在的统一性………………… (152)
5.1.3 从马克思主义实践观看建构主义的多元论谬误
……………………………………………… (155)
5.2 事实、过程与客观可能性………………………… (158)
5.2.1 辩证思维视野中的事实…………………… (158)
5.2.2 把握事实的辩证方法……………………… (162)
5.3 社会科学中的价值反思…………………………… (166)
5.3.1 社会科学中价值反思的必要性…………… (166)
5.3.2 社会科学中价值反思的途径……………… (170)
5.3.3 社会科学中价值反思的标准……………… (173)

第6章 社会科学的本土化：构建批判的社会科学 …… (179)
6.1 西方社会科学在我国的意识形态化……………… (179)
6.1.1 西方社会科学在中国：科学还是意识形态
……………………………………………… (179)
6.1.2 国家战略利益与社会科学………………… (183)
6.1.3 西方社会科学与文化操纵………………… (187)
6.1.4 西方社会科学在中国的意识形态化与我国的文化自主性问题 ……………………………… (193)

6.2 社会科学本土化中的视角转移……………………（197）
　6.2.1 普遍性与特殊性——一个思维陷阱……………（197）
　6.2.2 从世界体系的中心视角向边缘视角转移………（202）
　6.2.3 从西方的生活世界向本土的生活世界转移……（205）
　6.2.4 从理论者的视角向实践者视角转移……………（208）
6.3 构建批判的社会科学……………………………（210）
　6.3.1 和谐社会的目标与社会科学……………………（210）
　6.3.2 社会科学的构成性与批判社会科学的渊源、目标和主要特点……………………………………（214）
　6.3.3 批判社会科学在构建社会主义和谐社会中的作用
　　………………………………………………………（218）

参考文献…………………………………………………（222）
后记………………………………………………………（229）

#　导　言

社会科学中的价值问题是社会认识论中一个非常重要的问题。社会科学中是否渗透着价值观念？这些价值观念是否会影响社会科学的客观性？广而言之，社会科学是否渗透着意识形态，这些意识形态是否会影响社会科学的客观性？这些问题引起了不同时代学者们的激烈争论。

从思想史来看，社会科学中的价值问题是围绕着社会科学的"价值中立"原则展开的。价值中立原则被认为是现代西方主流社会科学的基本原则，英文为"Value – free"，有时也被称为价值或利益无涉、道德中立原则。这一原则明确划定了社会科学的实践界限和方法论界限，被认为是维护社会科学客观性必须严格遵守的原则。同时，它也是一条饱受争议的原则，学者们就社会科学是否渗透着价值观念，能否保持价值中立，价值中立能否维护实现社会科学的客观性等问题等展开的争论，自社会科学产生起就从未停止过。因此，本书以此为切入点，围绕着西方社会科学的价值中立原则来探讨社会科学中价值问题。

0.1 选题的当代意义

发展还是依附性发展？是持续稳定和谐地发展还是沦为西方发达国家的附庸、沦为拉美国家那样周期性动荡的灾难性境地？这是在全球化进程中摆在中华民族面前的一个严峻问题，是近现代以来中西文化冲突以新的形式提出的尖锐问题。历史的进程使人们认识到，中国不能脱离世界而发展。但是，历史的进程同样使越来越多的人认识到，全球化并不是人人都能平等参与的盛宴。我们所面对的这个世界，是一个由西方少数发达国家控制的、经过几个世纪演变而来的资本主义世界体系。这是一个不平等的国际政治经济秩序，西方国家在这个体系中拥有经济、政治和文化霸权，它们利用这种霸权为自身利益服务，并不断巩固这种霸权。这种霸权的标志不仅仅是强大的经济实力和赤裸裸的军事威慑力量，而且还包括这样一种文化力量，即这些霸权国家在行使着霸权职能维护自身利益的同时，却被认为是追求所有国家共同的利益，代表着人类历史的必然方向。

对社会科学中的价值问题研究，只有在这一背景中才能凸现出其重要的实践意义。

人们在很长时期都忽视了这样一个问题，西方社会科学不仅仅是一种知识体系，它还是从这个资本主义世界体系中产生并与这一体系有着内在联系的地缘文化。它为西方的霸权提供了合法性，并不断地参与这一世界秩序的再生产。但是，在我国学术界，西方社会科学很少得到应有的反思和批判。当前对西方社会科学的研究更多地停留在翻译、介绍的水平上。在一些高校的学科建设和教学中，以不加批判地照搬西方教材，甚至原版教材为荣。在实践中，任何社会现象都要纳入西方话语体系中去解释，用西方的理论简单地切割中国的现实。西方社会科学的话语统治着我国社会科学领域已成为无可争议的事实。与此形成鲜明反差的是，在参与全球化的进程中，也就是在进入现代资本主义世界体系的进程中，中国的现代化进程面临着严峻的挑战，迫切需要以正确的理论为指导。但是，面对这一现实，西方社会科学却无法提供令人满意的解释和指导。不能立足于本土、立足于中国自身的问题、不能将中国现代化的经验与教训上升为独特的理论，这些存在于我国社会科学领域的问题都亟待解决。

缺乏本土意识、问题意识，实质上是在西方文化霸权面前缺乏主体自觉意识的一种表现。仅就思想根源而言，对社会科学性质的模糊理解不能不说是一个重要原因。在大多数人的心目中，科学就是对世界的客观反映，而社会科学也不例外。它是对经验的概括总结，是对社会事实的反映，是与价值关怀、意识形态无关的经验知识体系。否则，就会歪曲对社会事实的反映，失去科学的客观性。粗略地说，这就是社会科学的价值中立原则。这样，社会科学被理解为一种人类实践活动的中立工具，任何人都可以利用，任何人都可以获益。西方社会科学是相对完善、发达的成熟形式，我们自然可以拿来为我们所用。与此同时，不平等的世界秩序、社会公正等问题又自然地被认为是价值问题而排除在社会科学的研究领域之外。

在社会科学大规模地参与社会决策、社会建构的情况下，对社会科学的这种理解会不会使我们落入西方意识形态的陷阱？会不会被纳入不平等的政治经济秩序而不知？就我国的社会主义现代化建设而言，社会科学能不能给社会发展提供正确的、客观的目标？能不能对社会的不公正给予批判？要回答这些问题，必然会涉及更多的问题。社会科学是不是意识形态？社会科学中是否渗透意识形态，社会科学是否会转化为意识形态？社会科学到底是什么？所谓社会科学的客观性又是什么？这些问题都具有重要的现实意义。

同时，这些问题也具有重大的理论意义。社会科学的性质、社会科学的科学性等问题一直是思想界关注的问题，而社会科学中的价值因素与科学性的关系问题更是争论的焦点。价值因素是社会科学客观性的障碍还是不可缺少的因素？对价值因素的认可是否会导致对社会科学的相对主义的理解？与此相应，马克思主义强调的党性原则与客观性又是什么关系呢？这些问题都是社会科学中的价值问题在不同层次上所涉及的问题。社会科学的价值中立原则恰恰为澄清这些问题提供了最好的切入点。

本书以社会科学中的价值问题作为研究课题，就是希望把对社会科学的反思与社会科学的发展结合起来,在更重要的意义上,把理论的发展与社会的发展自觉地结合起来。

0.2 课题的研究现状与存在的问题

社会科学中的价值问题属于社会科学方法论,也有人称之为社会科学哲学。关于这个问题的讨论是围绕着西方社会科学的价值中立原则展开的。最早提出这一原则并产生深远影响的是法国社会学家迪尔凯姆,他继承并发展了孔德的实证主义传统。随后,德国社会学家马克斯·韦伯根据新康德主义对这一原则进行了详细探讨,并不断地宣扬这一原则。但是,在20世纪初,这一原则受到大多数人的反对,并为此展开了激烈的争论。反对这一原则的代表人物有德国的经济学家古斯塔夫·施穆勒、美国的实用主义哲学家杜威等著名学者。二战以后,逻辑实证主义在欧美产生了巨大影响,价值中立原则成为了理所当然的方法论原则。即便如此,以法兰克福学派为代表的批判理论一直对这一原则进行反思和批判。随着西方哲学的语用学转向、科学哲学中的"整体论"转向,学者们对价值中立这一原则的探讨越来越深入,这一原则的基础开始动摇。

总之,以迪尔凯姆为代表的实证主义传统、马克斯·韦伯为代表的解释社会学传统都把价值中立原则作为社会科学方法的基本原则。而以马克思主义为代表的批判社会科学这一传统则旗帜鲜明地反对价值中立原则。这三大传统的交锋从未停止过,相互间的反思批判已经非常深入,而哲学领域的新思想也不断为社会科学的自我反思提供工具,与这一论题相关的社会科学哲学的细致程度、技术化程度令人叹为观止。

我国学术界对社会科学方法论这一领域的研究刚刚起步。新中国成立初的学术讨论集中于历史学科,但由于历史原因,探讨并没有深入。改革开放后,一些西方社会科学思想被译介过来,如马克斯·韦伯、迪尔凯姆、马克斯·舍勒、舒尔茨、狄而泰等人的著作。上个世纪 80 年代末,这一领域学术氛围颇为活跃,可惜没有持久。近年来学术界对这一领域关注不够,研究工作滞后。仅有为数不多的学者做了开创性的工作,如欧阳康先生的《社会认识论导论》、朱红文先生的《人文精神与人文科学——人文科学方法论导论》、袁吉富先生的《历史认识的客观性问题研究》等,而以社会科学的科学性为选题的博士论文仅有两篇。最近,对方法论的探讨有所增加,但大多数局限于具体学科。总而言之,我国学术界对这一领域多翻译介绍,少批判研究。

关于社会科学中的价值问题的学术探讨在改革开放初就出现了。当时的讨论是围绕社会科学是否具有阶级性而展开的。一些学者否定社会科学的阶级性,对过去的思想框架提出质疑,但是这一时期的讨论局限在"教科书体系"中的认识论和真理观的水平上。这一讨论与其说深化了思想认识,不如说更具有思想解放的意义。它从另一方面看是反对"文革"时期的极"左"思潮以外在标准干预学术研究,要求给学术研究一个自主空间。但是,这些要求是建立在对马克思主义党性原则与社会科学的客观性的关系简单化理解的基础上。从上个世纪 90 年代开始,一些学者依据西方的学术资源,开始探讨社会科学中的"价值"因素与客观性的关系问题。其中,以朱红文和赖金良两位学者的观点最有代表性。朱红文先生通过一系列文章,依据韦伯的新康德主义思想,通过比较社会科学与自然科学、人文科学的异同,反思我国思想界长期存在的唯科学主义,并从社会科学方法论的角度介绍了价值中立原则,梳理了"价值中立"、"价值关联"与客观性的关系。而赖金良先生在《哲学研究》发表《什么是社会科学以及社会科学的客观性》一文,旗帜鲜明地重申马克思主义的党性原则与社会科学客观性的内在关系。与以前的讨论相比,这时的讨论已经开始扩展到对实证主义的梳理和批判,同时也对马克思主义中社会科学和意识形态的关系进行梳理。在这种不同思想资源的交锋和讨论中,对价值中立原则的认识开始深化。在这之后,科学的价值中立问题逐渐引起一些学者关注,讨论开始增多。但是,总体而言,学术界对这一问题的关注很不够。

就社会科学中的价值问题的研究现状而言,存在很多问题。首先是翻译介绍得不多,细致分析、批判得更少。其次,在西方,对这一问题的研究是不断深化的过程。而在我国,由于在翻译介绍时打乱了时间线索,给人造成了一种错觉,对新思想和旧思想区分不清。例如,波兰学者沙夫所著《历史规律的客观性》在 1963 年出版,已是纸页发黄,陈旧不堪。而韦伯、曼海姆和狄尔泰的书却是装帧精美。但是,沙夫对这些新康德主义思想都有细致的分析和批判。同时被打乱的还有讨论展开的逻辑线索。例如,为了解决韦伯提出的价值无法合理化的问题,哈贝马斯提出交往理性、共识真理论以解决这个问题。但是,在二者中间,列奥·斯特劳斯是一个重要的中间环节,他力图复兴古典政治哲学解决韦伯的问题,而哈贝马斯的思想正是在这一思想基础之上发展起来的。但是,在我国,列奥·斯特劳斯的著作却刚刚被翻译过来,这无疑为真正理解哈贝马斯的批判理论造成了很大的困难。又如,韦伯在"以学术为业"的讲演中明确提出科学的价值中立原则,这引发了德国学术界的大讨论。而纳粹兴起后,这些学者飘零四方,他们结合不同的文化环境、不同的哲学资源继续深入思考这一问题。如在英国的曼海姆、在美国的法兰克福学派、还有刚才提到的列奥·斯特劳斯,另外还有参与韦伯学术圈的匈牙利马克思主义思想家卢卡奇。但是,由于翻译时打乱了时间和逻辑顺序,这些哲学家所探讨的问题之间的联系消失了。这给我们理解这些思想家造成了困难,给理解韦伯主张的"价值中立"所隐含的重大理论意义造成了困难。还有一个重要问题,在我国学者的讨论中，往往缺乏对概念的界定、对讨论范围的界定，从而使讨论泛化，造成了不必要的争论和混乱。

0.3 本书的预设前提、问题域与思路

为了便于后面的讨论和读者的阅读，我把论文所涉及的基本概念和论题的范围进行简单的梳理。

首先界定以下几个概念。

社会科学：研究的是人类行为和社会生活的社会关系、社会交往、社会结构的规律。包括经济学、政治学、社会学、历史学、人类学。

这里有争议的是历史学的地位问题。新康德主义者坚持人文科学的独特性，认为历史研究的是人类的文化世界，注重于对客体独特性的理解，而不是寻求规律。就马克思主义而言，历史学是以把握人类社会历史发展规律为己任。一定意义上，一切社会研究都是对已经过去的事物的研究，所以，在我国学术界，把历史学归入社会科学是没有问题的。

社会科学的客观性：认识正确反映了社会历史发展的规律。客观性是一个争议不休的概念，不同的学派有不同的理解。实证主义所说的客观性是在经验证实的基础上对现象如其所是地进行描述。以韦伯为代表的建构主义所说的客观性是指普遍有效性，这是说，只要从同样的立场出发，就会得出同样的结论。认识并不是反映实在，而是人类理性的建构，同时，立场本身是不可讨论的。这种客观性的标准只存在于某一知识体系内部，没有普遍性。而马克思主义坚持社会科学对社会内在的矛盾、社会发展规律的认识，并坚持揭示社会发展的客观趋势。论文中所说的客观性正是指最后一种，并在这个基础上对其他学派的客观性的概念进行反思。

价值中立原则：被认为是维护社会科学客观性的基本的方法

和实践原则。在实践上，社会科学不能涉及"应该"或人类的目标问题，在方法上，拒绝超科学的价值观干预内容，把事实与评价严格区分开。

其次，本书探讨的问题域。

社会科学的价值问题的核心就是价值与社会科学客观性的关系。而价值中立原则与社会科学的客观性并非两个不同的领域，而是同一个内容的两个层面，价值中立是社会科学方法和实践的原则，而客观性是遵循这一原则所得到的结果。

社会科学中的价值问题所对应的哲学问题是事实与价值的关系问题。价值中立原则所依据的哲学基础最根本的一点就是事实与价值的区分。社会科学只能涉及事实，而不能涉及价值或"应该"，只能提供手段，不能提供人类实践的目标。但是，关于这个问题的各种提法比较混乱。人们经常使用的概念如"应该"、"应然"、"ought"的含义非常模糊。它们或者被理解为与科学事实相对的主观情感，如对事实喜欢还是不喜欢；或者被理解为具有普遍性的或相对普遍性的价值评价；或者把"应该"界定为社会历史的客观发展趋势。所以，在讨论之前，必须把讨论的问题和范围予以界定。

在社会科学的价值中立原则这个问题上，马克思主义与西方社会科学的主要流派既有共同点又有区别，而有区别的地方正是问题的核心所在。因此，必须把核心问题挑拣出来，围绕着它进行讨论。

马克思主义和西方社会科学都认为社会科学研究要从事实出发，反对以个人的喜好、抽象的价值来衡量社会事实。二者真正的区别在于，社会科学能否提供科学的社会目标。马克思主义认为，通过揭示现代社会产生的历史条件，揭示社会的经济结构的内在矛盾，揭示社会发展的规律，必然能够找到人类社会发展的方向，指出科学的社会实践目标。恩格斯在谈到社会主义由空想变为科学时指出:"它的任务不再是构想出一个尽可能完善的社会体系,而是研究必然产生这两个阶级及其相互斗争的那种历史的经济的过程,并在由此造成的经济状况中找出解决冲突的手段。"[①] 而作为西方主流社会科学的实证主义和解释学派都把社会目标的问题归属于价值问题,否认社会科学能为社会实践提供科学的目标。

因此,关于价值中立原则争论的焦点问题是,从社会科学的本质属性看,社会科学能否为社会提供合理的、科学的目标。这必然涉及到各种流派对社会科学性质的理解,必须深入分析这种理解所依赖的各种预设。本书将围绕如下问题开始讨论:价值中立原则本身就是一种评判标准,它的社会根源和认识根源是什么,合理的社会目标何以成了问题,这种客观性所依赖的预设都是什么。由这一原则所划定的客观性又是什么意义上的客观性。这些讨论都是围绕着实践意义上的价值中立原则展开的。在这之后,讨论方法论意义上的价值中立原则是否可能。然后,讨论马克思主义社会科学如何在唯物史观的指导下超越价值中立原则。本书探讨西方社会科学在我国的意识形态化问题。

批判价值中立原则的观点很多,为了避免不必要的争论,如下观点并不在讨论的范围之内:

首先,社会科学的研究对象是人有目的的活动,因此,社会科学必然涉及价值,价值中立是不可能的。实际上,不管是以迪尔凯姆为代表的实证主义还是以韦伯为代表的解释学派都不反对这一点。他们所说的价值中立是要把对事实中包含的价值的分析、描述与对价值的评价区分开。所以,问题的重点不是社会科学的内容涉及还是不涉及价值,而是对价值的评价与价值的描述能否分开。这一点是方法论意义上的价值中立是否可能的关键。

---

① 《马克思恩格斯选集》第三卷,人民出版社,1995 年,第 739 页。

其次，社会科学本身就是有价值的，价值中立原则是不可能的。实际上也没有人否认这一点。被认为是价值中立原则守护者的韦伯就毫不隐晦这一点，并且思考得更加深入。他认为，科学都起源于特定的兴趣、需要，人们由此出发选定研究的课题，确定研究的方向，形成科学知识。他将这种现象称为价值关联。价值关联是社会科学成为可能的前提，也决定了科学是有价值的。但价值关联并不妨碍对社会事实保持中立。所以，这里要探讨的问题是"价值关联"与价值中立原则是否存在内在矛盾。

再次，科学本身就有规范，就有自身的评价标准，价值中立原则是不正确的。科学本身确实存在评价标准，如经验证实原则、逻辑的自洽原则等，但是，价值中立原则并不反对这一点，而只是认为，在科学的认识过程中要避免"超科学"的价值观念渗透进来。

此外，有学者认为，价值中立原则使人失去了"价值判断的勇气"[①]，失去了对社会责任担当的勇气。这与价值中立的原则是两个概念。价值中立原则并不反对学者关心社会正义，参与社会生活。这一原则只是要求，作为学者、教师，要把科学研究者的身份与社会活动家的身份区分开，而不是简单地反对批判社会不公正现象。

最后，我认为价值中立原则是不可能的，并且坚持马克思主义的党性原则与社会科学客观性的内在联系。但是，反对价值中立，并不是要反对知识分子的独立品格，反对对社会的客观认识。同时，坚持党性原则，也不是主张"文革"时期的"极左"的做法，以外在的长官意志、行政权力粗暴地干扰学术研究，损坏学术的自主性和科学的客观性。而是主张从最广大人民的利益

[①] 沈湘平：《价值中立的原则和价值判断的勇气》，载《思想理论教育导刊》，2004年第四期，第59页。

出发,对社会经济、政治结构进行研究,并发现社会健康发展之路。

0.4 本书的内容与结构

本书的基本观点认为,社会科学的价值中立原则的社会根源和思想根源是现代社会的物化结构以及相应的物化意识。它的主旨是坚持事实的至上性。在此原则的基础上形成的客观性被局限于"现实"之中,从而失去了社会发展的历史维度。社会科学的研究对象是有目的的人类行为,以及由此形成的各种关系和过程,社会科学必然具有解释学的特征,社会事实只有在价值背景下才能理解,因此,价值中立是不可能的。解释因素产生了社会科学的双重维度,它一方面是认知的符号体系,另一方面是意义的符号体系。社会科学渗透着意识形态并有可能在特定情况下完全意识形态化。社会科学只有在马克思的实践观指导下超越价值中立原则,以现实的人为出发点,坚持党性原则才能真正认识社会历史发展的规律,指明社会发展的方向。在我国,西方社会科学存在着意识形态化的可能性,必须通过社会科学的本土化,建构具有高度反思意识的批判社会科学。

本书的结构安排如下:

第一章是梳理价值中立原则的基本内容。首先追述价值中立的历史及相关争论。然后探讨价值中立依据的哲学思想,如实证主义、新康德主义和逻辑实证主义。这些流派的主要观点是事实与价值的两分,其本质是事实的至上性。最后对价值中立含义进行辨析。价值中立原则包含如下含义:1. 在实践中,社会科学在本质上不能解决人类的目标问题。这又包含两个层次,一个是把科学研究的结果与主观愿望区分开,另一个是社会科学无法认识社会历史发展规律。2. 在方法论上,把对事实的描述与主观评价区分开,反对超科学的价值进入科学研究的过程。价值中立原则并非只是简单的方法论或认识论问题，它是现代性危机在社会科学领域的表现，是现代思想的核心问题。

第二章从知识社会学的角度探讨价值中立的思想根源和社会根源。价值中立原则的思想基础是事实与价值的两分。这一区分是在西方启蒙时期出现的，它的本质是西方现代意识形态的困境，其思想根源是抽象的个人观，这是由现代社会的物化结构产生的物化意识。在当代，随着晚期资本主义加强对社会的调控，整个社会出现技术统治趋势，价值中立原则就是在这个过程中确立起来的学术规范。社会科学作为国家体制的一个组成部分具有自身的角色，它的任务就是在既存体制的限度内维护其运行，执行的是工具性职能，价值中立原则正体现着这一职能。西方知识分子从传统知识分子转变为技术专家，他们融入现存体制，获得相应的地位和利益，价值中立原则是新兴的科技知识分子的行为原则。价值中立原则隐含着社会科学、新型技术知识分子对国家体制的认同。因此，价值中立原则渗透着"技术"旨趣。

第三章探讨价值中立原则与社会科学客观性的关系。主要讨论实践意义上的价值中立原则。在坚持价值中立的基础上，也就是坚持事实至上性的基础上会获得何种客观性呢？实证主义一元论把社会作为物，坚持对事实的外部描述，从而把社会规律自然化、神秘化。新康德主义坚持建构主义，从而导致多元论和相对主义，社会实在变成了"自在之物"。在价值中立的基础上，历史维度在社会科学中消失了。这种事实至上的态度是一种唯智主义的直观态度，在认知主体与实践者的错位中出现了实证主义与新康德主义的错误。唯智主义的本质就是物化意识，它把认识主体理解为一种抽象的理性人，对主体的抽象理解必然产生对社会这一客体的抽象理解。这时，社会科学无法揭示社会的历史进程、历史发展的方向，合乎历史规律的社会目标也被理解为非理性的主观愿望。

第四章是在方法论意义上讨论价值中立原则的可能性，社会科学中是否渗透着价值。本文的切入点是社会科学的特殊性，即用语言把握人类的意向性行为。第一个问题是价值描述与价值判断是否可以截然分开。逻辑实证主义主张将自然科学的方法应用于社会科学中，这一纲领取消了人类行为的意向性。从认识对象来说，这一纲领把对象转换为"物"进行外部描述，从认识主体来说，它以先验的语言主体代替了现实的主体。但是，外在观察无法把握人类的意向性。逻辑实证主义的纲领是不可能的。对人类的目的描述必然以特定的价值视野为前提，并不可避免地对冲突的价值体系进行选择、评价。对价值的描述不可能离开价值的评价。第二个问题是社会科学中的价值渗透过程。社会科学的解释特征是双重解释，社会科学家的概念框架必须以实践者日常生活中的解释框架为前提。在此基础上，价值、意识形态会渗透入社会科学，从而使社会科学具有双重维度。西方社会科学是现代世界体系的地缘文化，维护着西方中心国家的霸权。

第五章讨论的是马克思主义社会科学科学性与意识形态性相统一问题。马克思主义社会科学的目标不是解释世界，而是改变世界，因此，它必然要超越价值中立原则。本章第一部分讨论的是认识社会存在、社会历史进程的可能性。在唯物史观看来，社会历史是现实人的实践产物。在实践的基础上主体与客体处于辩证运动中，主体与客体相互转化、相互渗透和相互贯通，因此，人能够认识自己创造并生活于其中的社会。第二部分讨论马克思主义视野中的事实与"应然"。在马克思主义的视野中，每一个社会都是特定的社会历史阶段，它由过去的历史条件发展而来，也必然随着这些历史条件的超越而不断向前发展。马克思主义社会科学所揭示的"应然"不是用来衡量事实的主观愿望或抽象的价值观念，而是社会历史发展的内在规律、历史发展的必然方向和客观可能性。马克思主义社会科学从事实出发，但又超越事实，把事实还原为社会历史整体过程中的一个环节，并由此去发现事实中蕴含的"应然"。社会科学中各种形式的不可知论最核心的错误就在于忽视了人类社会的实践性特征。第三部分讨论社会科学中的价值反思的必要性、主要方式和标准。社会科学只有从最广大人民群众的利益出发去认识社会，才能真正发现历史的规律，指明历史方向，推动社会不断发展。

第六章讨论的是西方社会科学本土化：构建批判的社会科学。西方社会科学作为地缘文化，是维护资本主义世界体系中心国家的知识体系和意义体系。由于我国处于资本主义世界体系的边缘或半边缘地位，与中心国家处于相对立的地位，中心国家的社会科学前移到我国，有可能转化为意识形态，误导我国的社会主义现代化。因此，西方社会科学的本土化是当务之急。而在本土化的过程中，我们应该超出普遍性与特殊性这一过于简化的思维框架，把社会科学的视角从中心国家向边缘国家、从西方的生活世界向中国的生活世界、从理论者向实践者转移，构建具有高度反思性的批判社会科学。

0.5 本书存在的问题和局限

在本书写作中，由于环境、时间、能力等原因还有一些问题无法解决。第一，讨论的问题在学科划分上属于社会科学方法论，但本书的主要内容并非社会科学研究的具体操作技巧，而是在哲学层面上围绕着社会科学中的价值这个问题进行研究。这样，对于从事社会科学研究的学者，本书就显得过于笼统，甚至有隔靴搔痒之感。韦伯、迪尔凯姆是西方现代社会科学奠基人物，其思想对后世社会科学方法的巨大影响自不待言。但是，相对于现代社会科学方法的最新发展来说，他们的思想有些"古典"了。但是，在我国，介绍西方最新科学方法论的材料却非常少。本文虽然涉及了一些西方社会科学方法论的最新发展，但相对西方这个领域的发展来说，这些讨论不免有些单薄。第二，本书讨论涉及西方哲学中的各种派别和西方社会科学中一些内容。由于不是专门研究这些领域，对这些学派思想观点的把握难免有错误，在此欢迎学界同仁批评指正。第三个问题是本书写作形式上存在的问题。理想的写作形式应该是找到一个逻辑生长点，让讨论的内容自然生长出来，层层推进，步步深入。但是，这需要深厚的学养和功力。所以，笔者退而求其次，以问题为中心，力争在每一个章节把一个问题阐述清楚。这样带来一个问题，就是一些观点和材料如布迪厄、古登斯的思想多次引用，行文有重复累赘之感。敬请读者见谅。

第1章 价值中立原则的历史、哲学基础和含义辨析

社会科学中的价值问题自社会科学产生起就困扰着社会科学家。在社会科学的发展中,这个问题是以学者们对社会科学的价值中立原则的争论为线索,不断展开、深入。价值中立原则是在西方社会科学体制化过程中形成的一条重要原则,它的目的是树立社会科学的科学形象,把社会科学与当时的各种思辨体系、神秘主义和社会哲学区分开。从这个意义上说,这一原则在社会科学的发展中有着重要意义。但是,这一原则也是在特定的时代背景下提出的,受到当时经济、政治和文化的影响,受到当时认识水平的限制。更重要的是,价值中立原则规定了社会科学客观性的界限,这在一定意义上规定了人的合理的社会活动的界限。为了分析这一原则,必须对价值中立原则争论的历史、哲学基础和它的含义进行深入、细致的阐述。

1.1 价值中立原则的历史及其相关争论

1.1.1 价值中立原则的提出、确立及其争论

社会科学是随着现代资本主义的产生而出现的。为了解决社会中出现的经济、政治、文化等问题,也为了对外不断殖民扩张的需要,在西方国家中逐渐形成了经济学、政治学、社会学、历史学和人类学等学科。从19世纪末到20世纪初,这些学科不断体制化。价值中立原则就是在这一时期提出的。二战以后,价值中立原则才真正被确立起来,成为西方主流社会科学的基本原则。在这一原则提出和确立的过程中,对这一问题的争论从来没

有停止过。

在价值中立原则明确提出以前，关于这一问题的争论早已存在了。早期古典政治经济学家西斯蒙第与李嘉图就曾经为经济学的性质发生过争论，李嘉图认为经济学是一门计算科学，而西斯蒙第认为经济学是一门道德科学，必须集中反映人类的需要和愿望。19世纪初，德国经济学家李斯特就曾经提出过质疑，认为当时德国"所有受过科学教育的从业员，所有报纸编辑，所有关于政治经济学的作家"① 所推崇的自由市场学说，都是受到英国政治力量和商业力量操纵的学说，为英国的商业利益服务。马克思对西方政治经济学的批判，更是以揭露其社会根源和阶级根源为主旨的。列宁继承了这思想，批判了俄国资产阶级在社会科学研究中的超阶级的立场，提出阶级性与社会科学的客观性的辩证关系。这些思想都产生了深远影响。

价值中立原则在法国和德国学术界几乎同时被提出来，其代表人物就是法国社会学家迪尔凯姆和德国社会学家马克斯·韦伯。

法国著名社会学家迪尔凯姆是社会科学实证主义传统的代表人物。他提出，在社会科学中，要把对事实的描述与价值评价区分开，当涉及人类社会的目标时，要把主观情感、道德的"应该"与社会科学揭示的客观目标区分开来。

迪尔凯姆明确提出，"要把社会事实作为物来考察"②。在此基础上，社会科学家确立现象的因果联系，把一个现象与其产生的原因相联系，把原因与产生的结果相联系，由此形成科学的社会认识。这样，建立于事实基础上的社会科学就与党派利益相关的意识形态毫无关系了。1911年，他在论文《价值判断与实在

---

① ［德］弗里德里希·李斯特：《政治经济学的国民体系》，商务印书馆，1961年，第6页。

② ［法］迪尔凯姆：《社会学方法的准则》，商务印书馆，1995年，第35页。

判断》中提出两类不同的判断。一类判断说的是存在的东西，人们称之为"存在的或实在的判断"①。它们与判断者本人的情感和好恶毫无关系。另一类是价值判断，它涉及的是事物与人的情感、好恶和理想之间的关系，这类判断赋予事物以意义。这里，迪尔凯姆阐述了价值中立原则的基本思想。但是，与后来的韦伯不同，迪尔凯姆认为，社会科学能够解决人类的目标问题。他认为有"两种事实：一种是应该是什么就表现为什么的事实，另一种是应该是什么却未表现为什么的事实。前者为正常现象，后者为病态现象"②。社会科学的任务总的来说就是确立社会的正常形态。一旦这种正常形态确立下来，就可以成为一种衡量标准。人们在正常情况下的任务就是维持这种状态，当社会发生了偏离，人们就可以按照这种标准修复它。这种标准实际上为人们的社会行动提供了科学的目标，提供了一种客观的"应该"。

德国社会学家马克斯·韦伯是价值中立原则最著名的倡导者，他的思想曾在德国社会科学界引起激烈的争论。1905年，在德国曼海姆召开的社会政治科学协会的大会上，韦伯和古斯塔夫·施穆勒就社会科学的性质展开了的争论。1909年，在协会的一般会议上又展开了新的争论，这次会议导致了政治科学协会的分裂，由韦伯为首的少数学者组成了独立的专家组织，倡导不涉及社会政策的社会科学，以此与协会相区别，并提出社会科学中的价值问题。1914年政治科学协会组织会议，讨论的主题是经验社会科学实践功效的界限。以韦伯为首的学者和以古斯塔夫·施穆勒为首的学者就科学在社会批判、政策制定等领域的界限、科学能否提供对现存社会的价值判断、能否有规范的社会科学等问题展开了激烈的争论。古斯塔夫·施穆勒为首的学者认为

---

① 转引自俞吾金：《意识形态论》，上海人民出版社，1993年，第205页。
② [法]迪尔凯姆：《社会学方法的准则》，商务印书馆，1995年，第66页。

可以确立"伦理的经济学",它是对社会范围内的政策和制度满意不满意进行判断的规范社会科学,这一科学理所当然地参与社会经济政策。而韦伯的小团体则追求成为纯粹的科学家,主张为科学而科学。1919年,韦伯作了"以学术为业"的著名讲演,简明扼要地阐述了价值中立原则,其核心观点认为,社会科学只能解决手段问题,而不能解决行为的目标问题,只能探讨如何去做,而无力探讨做什么。这一讲演引起了轩然大波。在这一段时间,韦伯写下了诸如《社会科学和社会政策中的客观性》、《"道德中立"在社会学和经济学中的意义》、《社会学基本术语》等论文,对社会科学价值中立原则进行了深入思考、详细论证。

这里要强调的是,韦伯的价值中立原则与后来的逻辑实证主义所说的价值中立原则有很大的区别。韦伯所说的社会科学的价值中立原则,并不是真的对社会的政治活动保持中立。韦伯在1894年弗赖堡大学经济学教授就职讲演中曾经说过,"作为一门分析性、说明性的学科,经济科学或许可以保持中立,但只要涉及价值问题,就必然成为一门服务于强大政权的国民经济学……即将其视为一门服务于国民利益的学科"[①]。韦伯生活的年代,正是一个欧洲列强争霸的年代。英国主宰世界秩序的能力正在削弱,而大洋彼岸的美国正在兴起,世界秩序的中心正在从英国转移到美国。在韦伯看来,欧洲内部危机四伏,各个阶级、各个民族为了自身利益都在进行着殊死搏斗,胜利者得到一切,失败者将万劫不复。在这种争斗中,社会科学无法确立合理的社会目标。这个任务只能交给俾斯麦式的魅力型领袖来完成,当这些领袖提出社会目标后,科学为这个目标提供工具。因此,不仅要把韦伯所说的价值中立原则放在社会科学学科体制化的进程中去理解,还要放到当时的国际政治环境中去理解,所谓中立不是要摆

---

① [德] 马克斯·韦伯:《学术与政治》,三联书店,1998年,第181页。

脱政治，而是要服从政治。

在韦伯逝世后，他所引起的争论并没有停止。卡尔·曼海姆、卢卡奇、霍克海默、列奥·斯特劳斯等人都没有停止对这一问题的思考。但是，由于欧洲动荡的政治形势，以及后来德国纳粹的兴起，这些思想家飘零到世界各地，在新的文化传统中、哲学资源中继续思考这一问题。

卡尔·曼海姆来到英国，他受到马克思关于社会存在决定社会意识这一思想的启发，把社会知识与社会集团的利益结合起来开创了知识社会学，《意识形态与乌托邦》就是这一领域的代表作。卡尔·曼海姆希望通过知识社会学来解决韦伯的问题。在这一时期知识社会学的发展中，也有一些社会科学家对自身活动进行自发的反思，思考社会因素对社会科学的影响，如后来的诺贝尔经济学奖获得者冈纳·谬尔达尔所著的《经济理论发展中的政治因素》、《社会理论中的价值》都是知识社会学中的重要著作。著名的马克思主义哲学家卢卡奇早年也曾经参加过韦伯的学术圈，因参与匈牙利革命与韦伯断绝了关系。但是，韦伯所提出的问题一直萦绕在卢卡奇的头脑中。它把黑格尔主客体辩证法与马克思的商品拜物教思想结合起来，写下了《历史与阶级意识》这一重要著作。在这本著作中，他认为现代资本主义是一个物化结构，在此基础上产生了物化意识，并由此产生了"实然"与"应然"的分裂。韦伯所倡导的价值中立原则实际上就是这种物化意识，只有无产阶级意识才能打破这种物化意识和物化结构。在某种程度上，《历史与阶级意识》是卢卡奇站在马克思主义立场上在心灵上与韦伯对话的产物。随后，霍克海默等人从卢卡奇的思想出发，开始了西方马克思主义对意识形态、实证主义和工具理性的批判。另一位德国学者列奥·斯特劳斯来到美国，他一直力图解决社会科学与人类目标的关系这一难题，他认为，韦伯的社会科学实际上代表着西方政治科学的现实传统，这一传统的代表人物是马基雅维利、霍布斯，他们抛弃了欧洲古典政治哲学的传统，导致了事实与价值的分裂。他力图复兴亚里士多德以来的古典政治哲学来解决这一问题。这一思路启发了哈贝马斯从交往领域解决人类的目标问题。

20世纪初，美国的社会科学传统并不接受价值中立原则。当时，美国的社会学思想传统认为，社会科学和社会研究者的目标是使人们生活得更美好，所以，社会科学理所当然关注现实生活中的目标问题。韦伯的思想最初传播到美国时，受到了美国思想界的激烈批判。杜威从实用主义的工具主义出发批判韦伯对目的与手段的区分。人类的目标和价值体系都产生于社会生活，它们也是人类不断适应外部环境的学习过程的一部分。当社会中某种东西匮乏时就会发生争夺，而社会目标就是为了解决这些问题，并在这个基础上产生了抽象的价值体系。这些社会目标和价值体系产生的条件、它们的结果以及改变的方式都是可以进行经验研究，不断改进的。韦伯对工具理性和价值理性的划分，"是源于忽视了对愿望和兴趣产生和运行的现实条件进行经验研究"[1]。把社会目标从社会条件中孤立出来，从而认为各种目的需要都是相对的，无法确定好还是坏。

二战前后，美国社会科学的主流意识发生了急剧转变，价值中立原则成为了社会科学的基本原则。在这一时期，大学和社会科学迅速扩展，逻辑实证主义风靡一时。但是，另一方面，随着大规模杀伤武器的出现，尤其是原子弹的爆炸，国际秩序中冷战格局的形成，科学和科学家在人们心目中的形象发生了微妙的变化。为了树立科学的形象，美国社会科学的思想传统发生了巨大变化。学者们希望远离党派政治，他们把道德中立作为科学家的

---

[1] Stephen P. Turner, Regis A Factor: Max Weber and the dispute over reason and value: A study in philosophy, ethics, and politics. 1984 Routledge. P167.

美德，努力在实践中把科学家的角色和公民的角色区分开。韦伯所提出的价值中立原则经过逻辑实证主义的"清洗"而实证主义化，被认为是社会科学的基本原则。美国学者帕森斯在《社会行动的结构》一书中讨论了韦伯的思想，这本著作在1936年面世，对韦伯的政治学只字未提，只是讨论了与方法论和作为构建目标的"行为的唯意志论"相关的价值理论。雷哈德·本尼迪克斯的《马克斯·韦伯：一个知识分子的画像》一书向美国知识分子介绍了韦伯，但只是一些象征性的片段，它没有讨论韦伯的政治和方法论的著作，甚至没有提一下"以学术为业"引发的激烈争论。这样，韦伯成为了远离政治、价值无涉的学者，成了逻辑实证主义价值中立原则的象征。二战后确立的价值中立原则以逻辑实证主义为基础，弥漫着科学主义的乐观主义，认为通过知识的扩展就可以实现一个美好社会。

一个人的思想可以简化，但是，这一思想所反映的深层社会历史问题却无法简化。面对西方晚期资本主义的矛盾，西方学者们以价值中立原则为焦点又爆发了新一轮争论。

1961年，德国社会学协会在图宾根召开了社会学方法论讨论会，会议内容是社会科学的逻辑问题。在会议讨论中，英国哲学家波普尔和法兰克福学派的阿多诺展开了激烈的争论。阿多诺认为，社会学是广义的社会哲学，它的任务是意识形态批判，因此，他坚决反对社会科学中的经验主义和实证主义方法论。波普尔从批判理性主义出发，在理论和方法论上主张"证伪"，坚持方法论个人主义。虽然波普尔的"证伪"与实证主义的"证实"有重大的方法论差别，但二者都坚持经验事实在科学确证过程中的绝对地位，因此，也被称之为新实证主义。这两位思想家的交锋掀起了德国社会科学界方法论大论战的序幕。1964年，德国社会学会在海德堡召开第15届大会，会议就韦伯社会学方法的核心概念"价值关联与价值中立"展开了新的争论。在会上，

第1章 价值中立原则的历史、哲学基础和含义辨析

美国结构功能主义代表人物帕森斯做了"价值中立与客观性"的报告,法兰克福学派的著名哲学家马尔库塞做了"工业化与资本主义"的报告。双方就韦伯的"价值中立"概念发生了争论。1968 年,在法兰克福召开的第 16 届大会上,实证主义和批判理论针对当代资本主义社会的发展前景又发生了重大分歧。

在这次大讨论中,批判理论和新实证主义针锋相对。批判理论认为,社会研究中外部因素如心理、语言等会影响社会科学目标的选择,科学进程开始后,社会科学不可避免地要进行价值判断。以波普尔、阿尔伯特为代表的新实证主义坚持价值中立原则,提出相反意见,他们认为批判理论对社会科学价值基础的思考在逻辑上的混淆三个问题[①]。第一个是把"知识的语境"与"知识的内容"混淆了。前者是社会科学研究的社会的、心理的起源问题,而价值中立是方法论问题。前者是科学活动的准备阶段,科学研究一旦开始,就要遵循价值中立原则。科学活动程序中有一个科学与非科学的中断。第二个问题是混淆了两个不同层次的话语。在一个给定的科学话语中,有两种不同层次的语言在运行,一个是客观语言,另一个是元语言,如对事物的命名等,在这里超科学的价值判断不可避免。而客观语言的层次必须是纯描述的,这一点组成了经验社会研究的价值中立原则。第三个是对价值认定与价值评价区分。社会科学要分析价值,但是,这是客观认定语言,社会科学的价值中立是必需的。这些争论使社会科学方法论的讨论进一步深化。

1.1.2 当代西方社会科学对价值中立原则的超越

在批判理论和新实证主义进行交锋的同时,科学和哲学迅速发展。在自然科学中,老的系统论模式被突破,时间和历史重新

[①] Jay A. Ciaffa, Max Weber and the Problems of Value – Free Social Science: A Critical Examination of the Werturteilesstreit, (c) Associated University Presses, Inc. P32.

被引入自然科学中，在哲学中发生了"语用学转向"，在社会科学中发生了"文化转向"。在此基础上，人们得以在更广泛的背景中探讨价值中立原则，并且从不同的路径超越这一原则。

第一是通过发现社会科学的"解释"特征来超越价值中立原则。这一进程沿着两个不同的路径发展：一个是现代英美语言哲学传统。它的研究中心从语言与表达对象的关系转移到语言和语言行为者的关系，这实质上重新把语言放回到现实的生活世界。以塞尔为代表的哲学家从语言的角度重新思考事实与价值的关系问题。社会科学哲学家彼得·温奇根据后期维特根斯坦的语言游戏说，提出社会科学家的专业语言对日常行为者的语言的依赖关系，继而提出社会科学方法的"解释"特征，认为社会科学具有哲学的性质。英国社会科学家吉登斯在此基础上提出了社会科学的"双重解释特征"。另一条路径是德国的解释学传统。海德格尔、伽达默尔揭示出在人文学科中，对社会历史的认识是"视域融合"，"前见"是解释的前提。因此，社会科学不同于自然科学，在这个意义上，"社会现实被看作是一个有意义的建构物，而不是一个客观存在"①，对社会的研究必须要利用带有评价性的研究技术。社会科学家必须"解释"现象，它只能求助于研究者自身的解释学视野才能达到。但是，德国的解释学传统带有保守倾向，认为解释并不包含批判，作为文化传统的"前见"是不能超越的。

与此相反，哈贝马斯认为价值中立原则是不可能的，必须通过科学家主体间的交往，对社会实践者、社会科学家所依赖的价值前提进行批判。哈贝马斯的思想成为批判诠释论的代表。从这一学派的观点来看，在生活世界的观念中，有各种各样模糊的、

---

① ［英］吉尔德·德兰逊：《社会科学—超越建构和实在论》，吉林人民出版社，2005年，第36页。

虚假的观念，这样，作为现实生活的人，不管是社会实践者还是社会研究者，它的观念都有被扭曲的成分。因此，如果没有价值评判，由二者的观念融合而成的新的社会理解，也必然是一种不能反映人类进步的可能性的虚假观念。所以，在社会科学的认识中，必须进行价值评价。而这种评价的方式，就是通过主体间的交往来实现的。这可以分为两个方面，一个方面是科学家共同体之间的主体交往，另一个方面是科学家进入所研究的对象，把研究对象作为主体来交往。通过这种交往，超越价值中立原则，实现真理和价值的统一。

哈贝马斯的批判诠释论无疑具有重大的理论意义和启发，但是，它本身也存在重大的理论问题。这一思想的本质是把"共识"看作社会的核心，通过共识的不断合理化推动社会不断合理化。但是，社会制度的构建离不开语言和意义，离不开共识，但是，它们并不是社会制度的中心，社会制度的中心是关系到一个民族、一个阶级、一个人生存和发展的物质资料生产。在生产中的内在矛盾还未暴露，仅凭共识是无法改变的。而且，如何达成共识？在现有的条件下，通过平等对话达成共识只是一种乌托邦。

第二是通过揭示社会条件对社会科学的塑造作用来超越价值中立原则。这些研究不同于以曼海姆为代表的早期知识社会学，不是通过把知识与特定集团的利益联系起来，而是从社会条件、文化、符号来讨论知识问题。美国科学哲学家库恩对范式转变中社会因素的作用的研究就是这一方法的典范。另一批法国思想家从结构主义出发来反思价值中立的可能性。早在20世纪初，迪尔凯姆与莫斯在《原始分类》中就揭示了社会结构和观念结构的对应关系。随着结构主义的发展，以福科为代表的学者继承了这一传统，利用结构主义研究社会知识的生产过程，揭示了知识与权力的内在关系。这一研究虽然没有直接涉及价值中立的问题，但是其思想已经明确否认了这一原则。

近年来，另一位法国社会学家布迪厄的思想影响越来越大，他提出反思社会科学，反对价值中立原则。布迪厄继承法国知识社会学的传统，把社会划分为物质结构和与之相对应的观念、符号结构，这些观念、符号结构维护着社会物质结构中权力关系。符号结构通过后天的教育，逐渐为社会中的人所接受并形成惯习。惯习是社会的知觉、评价和行动的分类图式构成的系统，这一系统是通过社会化在个人身上形成的性情倾向。它寄存于人的模糊的意识、情感和身体的姿势之中。可以说，惯习是社会的物质结构和与此相对的客观化的观念结构之间的中介。正因为存在惯习，人才能够理解社会，社会才成为有意义的。但是，惯习并非是天然合理的。社会的客观化的观念结构是维护现存的统治结构的。它是通过家庭、学校和社会的教育内化到个人身上成为惯习。在这个过程中，社会结构中的权力结构在惯习的生成中发挥主宰作用。统治阶级总是把符合自己利益的认知、价值和行为图式灌输给个人。所以，惯习中也包含着权力结构、统治的因素。由于惯习是未经反思的性情倾向，所以，在人们的实践活动中，会不知不觉地再生产出现存的维护统治者利益的社会结构，并认为这种结构是自然的、合理的。从这个意义上讲，被统治阶级之所以被统治，是因为它认可了这种统治，而这正是通过惯习实现的。布迪厄称这种现象为符号暴力。"即强加一些意义，并通过掩饰那些成为其力量基础的权力关系，以合法的名义强加这些意义的能力，在这些权力关系中加进了自己的、即纯符号的力量。"①

同时，社会研究者也生活在社会之中，文化圈本身也是一个

---

① ［法］P. 布尔迪约，J. C. 帕斯隆：《再生产——一种教育系统理论的要点》，商务印书馆，2004 年，第 12 页。

利益纷争的场域，学者在成长过程中，形成了学术圈中的惯习，并成为一种学术无意识。更重要的是，这种惯习也同样渗透着统治的因素。作为一种符号生产，社会科学也在一定程度上维护着既存的权力结构，成为符号暴力的一部分。

因此，布迪厄认为社会科学必然是批判的，而不可能是价值中立的。当社会科学对社会结构及其再生产的机制进行研究时，它或者证明这种结构和再生产是自然而然的、合理的，或者揭示这种结构是特定历史时期特定集团利益冲突、妥协的产物。或者揭示它，或者掩饰它，而别无选择。所以，社会科学应该是反思的，社会科学家必须把自身及其研究活动作为研究对象，发现科学家现实活动的各种制约机制。通过对社会实践行动和科学实践活动的各种现实条件的研究，社会科学可以为社会的合理发展做出贡献。

第三是通过社会科学、自然科学和文化科学的统一来超越价值中立原则。美国社会科学家沃勒斯坦是这一思想的著名代表。沃勒斯坦从世界体系理论出发，把西方社会科学作为一种地缘文化，认为它是位居于世界体系中心地位的西方国家服务的。在社会科学的前提中，不可避免地存在着西方的偏见。其中最突出的偏见之一就是科学与人文之间"两种文化"的划分。科学只探讨"真"，而哲学或人文科学只探讨"善"的问题。这样，善的问题被社会科学驱逐了。他认为，社会科学要克服两种文化的分裂，把社会研究与正义结合起来，在社会科学中，达到真与善的统一。

沃勒斯坦认为，事实与价值相区分的思想根源就是牛顿式物理学，牛顿机械力学的决定论框架是西方社会科学无意识的核心，"两种文化的鸿沟是牛顿—笛卡尔式科学之精心结撰。"[1]

---

[1] ［美］依曼纽尔·沃勒斯坦：《所知世界的终结—二十一世纪的社会科学》，社会科学文献出版社，2002年，第225页。

在牛顿物理学看来，物质按照自身规律运动，一切都是决定的，同时也是可逆的。从事物的初始状态开始，事物就会按照自身的规律永远运动下去。因此，原则上说，只要我们能够确定事物的瞬间状态，并且知道运动的规律，我们就能够确定它的过去，确定它的未来。一切都是已经给定的。在牛顿物理学中，无论过去和现在都是等价的，时间是可逆的，或者说，因果是可逆的。而可逆性意味着真正的时间消失了。在牛顿式科学背后又潜藏着一个假定，"即观察者是排除在其外的，描述本身来自当然是处于世界之外的某一点。"[1] 当这种思想进入社会科学时，就会把社会规律理解为永恒的自然规律，人类社会不再有真正意义上的新事物、新规律出现了。而社会认识就是主体在社会之外进行客观描述，社会科学由此成为价值中立的。这就是两种文化分裂的基础。

沃勒斯坦认为，科学的最新发展，已经突破了两种文化的框架。其一是自然科学中所谓的复杂性研究，其二是人文科学中的文化研究。它们对社会科学中真与善的统一提供了新的前景。

在自然科学中对系统的复杂性中，时间之矢重新占据了中心地位。对系统的自组织等复杂现象的研究表明，牛顿物理学只是适用于封闭系统，这只是宇宙中极小的一部分。事物相互作用产生了系统，系统的运行需要耗费能量，也就是熵增加的过程，为了维持系统，必须与外部环境进行能量交换。正是这种能量耗散、熵增加的过程，引入了时间之矢。在这种能量交换过程中，形成了系统的涨落而远离平衡状态。在这一时刻，系统就会形成一种混沌状态，一些微小的因素有可能被放大，对系统的演变形成巨大的影响，从而使系统不再回到原来的状态，而是形成全新的系统。因此，牛顿物理学只适用于系统平衡状态的特定情况，

---

[1] ［比］伊·普里戈金，［法］伊·斯唐热：《从混沌到有序——人与自然的新对话》，上海译文出版社，1987年，第91页。

而整个宇宙则处于充满变化、不断产生新事物的过程。世界并非决定的、可逆的。对自然的新观念表明，科学并非外在的描述，而是对话。不同的提问和提问方式，会产生对宇宙的不同理解。科学中的自然图景不是描述，而是建构。因此，科学活动本身就是世界图景的一部分。

与此同时，文化研究中出现了社会科学化的特征。学者在解释特定的文化产品时，不仅仅是对内容的把握、体验，而是研究这种文化何时产生，如何产生，以什么形式产生，为什么以这种形式产生，人们为什么会接受它们，如何接受等问题。

因此，沃勒斯坦认为"通过一切知识的社会学化，承认现实是被构建的现实，而且科学的、哲学的活动之宗旨是达到对那种现实的有用的、可信的解释，我们正在克服两种文化的区别。"[①] 所以，沃勒斯坦等学者提出"开放社会科学"，超越价值中立原则，打破两种文化的框架，建立社会科学、自然科学和人文科学相统一的新的社会科学，为世界的合理化和公正化做出贡献。

总体来说，价值中立原则作为一项基本原则已经受到了广泛地批判和质疑，但另一方面，它仍是西方主流社会科学在方法上和实践上的基本原则。

1.1.3 我国思想界关于价值中立原则的争论

如果说西方思想界的争论是要质疑、批判作为主流的价值中立原则，那么，在我国，这种争论的进程则正相反。在本世纪初，我国社会科学接受的是欧美学术传统。新中国建立以后，我国教育领域全盘接受了苏联的学科体制，西方社会科学作为资产阶级社会科学被批判、取消。这时的社会科学旗帜鲜明地坚持社会科学的党性与阶级性。毋庸置疑，这一时期的社会科学为我国

---

① ［美］依曼纽尔·沃勒斯坦，《所知世界的终结》，社会科学文献出版社，2002年，第236页。

社会主义建设做出了巨大贡献。但是,这一时期对党性与阶级性的理解过于简单化,往往对苏联主流社会科学的方法、范式和结论提出一点质疑,对社会的政治、经济政策提出一些独立的思考,就被认为是背离了无产阶级的立场。学术批判往往转变为政治批判,不是进行学理分析,而是用政治标准从外部来衡量,扣帽子,打棍子,用长官意志粗暴地干涉学术活动。对马寅初的《新人口论》的批判就集中体现了这一特征。这一倾向越演越烈,"文革"时期发展到极端。离开批判与反思,任何学术都会丧失生命力,一个民族也会失去自己的活力。这种对社会科学阶级性的简单化理解,对社会科学研究粗暴的外部干涉,严重制约了社会科学的发展。对价值中立问题的讨论,也正是在这一背景中展开的。讨论首先是从质疑社会科学的阶级性开始的,进而探讨社会科学的性质、价值在社会科学中的作用。这种讨论有两个源流,一个是从事哲学工作的学者从社会科学方法论的高度讨论这一问题。另一个是从事经济学研究的学者,他们从现实的社会问题出发,思考社会科学中的价值问题。

"文革"结束后,随着对"极左"思潮的批判,学者们围绕着社会科学的阶级性展开了激烈争论。1979年,学者于乔在《河南大学学报》(社会科学版)撰文《社会科学真理也是没有阶级性的》。作者认为,真理是主客观相符合的哲学范畴,"这种符合、统一不因阶级的不同而不同。不由认识的主体——人们的阶级性和认识的客体——客观事物的性质来决定。"[①] 因此,社会科学没有阶级性。这一观点引起了学者们极大争议。但是,总体来说,这一争论象征的意义大于理论的意义。这是为了反对极"左"思潮,争取正常的学术空间进行的一次思想解放活动。争

---

① 于乔:"社会科学的真理也是没有阶级性的",《河南大学学报》(社科版)1979年第四期,第15页。

论双方都存在着对阶级性与社会科学客观性二者的简单理解，都是以真理论、认识论的基本原理来"解决"这个争论。从理论上说，没有更深刻地理解阶级性与社会科学的关系，也没有从社会科学的性质、认识过程的独特性来认识这个问题。

上个世纪 80 年代末出现了社会科学方法热，学术界对社会科学的认识开始深化。人们开始从社会科学自身的认识活动特征探讨社会科学，社会科学中的价值问题成为关注的中心，社会科学的价值中立问题成为学者们讨论的重点问题。1991 年周蔚华先生撰文《价值中立论批判》[1]，介绍并评价了实证主义、德国思想家韦伯和 20 世纪 50 年代以来的意识形态终结论，推动了这一问题的探讨。朱红文先生撰写了《论社会科学的性质》、《社会科学的性质及其与人文科学的关系》《社会科学的性质再探讨》等一系列文章，反思我国思想界长期存在的唯科学主义，并从社会科学方法论的角度介绍了价值中立原则。而赖金良先生则在《哲学研究》发表《什么是社会科学以及社会科学的客观性》一文，针锋相对地重申马克思主义的党性原则与客观性的关系。与以前的讨论相比，这种讨论已经开始接触西方现代哲学新的思想资源，对马克思主义关于社会科学和意识形态的关系也有了更深入的理解。但是，这一讨论并未吸引更多的注意。关于这一问题的讨论断断续续，星星之火，闪耀不息。近年来，关于价值中立问题讨论仍在进行，并逐渐成为热点问题，随着人们利用不同思想资源不断地交锋和讨论，对价值中立原则的认识开始深化。

对价值中立问题讨论的另一个源流是从事现实研究的经济学学者进行的。随着改革开放的进程，面对出现的社会问题，经济学学者们开始反思经济学自身的性质问题。1995 年，陈岱孙先

---

[1] 周蔚华."价值中立论批判"，《中国人民大学学报》，1991 年第三期，第 80—87 页。

生发表文章《对当前西方经济学研究工作的几点看法》，提出"新自由主义代表西方国家垄断资产阶级的利益。"①，要克服对西方经济学的崇拜，坚持马克思主义立场，坚持民族利益搞好西方经济学的研究工作。从 1996 年开始，以《读书》为论坛，经济学领域的学者们对价值中立问题展开了讨论。1996 年、1997 年，学者何清涟相继发表文章《为经济学引回人文关怀》（1996 年，3 期），《经济学理论和"屠龙术"》（1997 年第 3 期），对经济学不关心社会公正、不能解决现实问题的现状提出了批评。1998，经济学家樊纲在《读书》上发表了《"不道德的"经济学》（第 6 期），提出，"经济学本身不谈道德！……经济学不想'越俎代庖'，去干伦理学家、哲学家、文学家、政治家、传教士以及各种思想工作者的工作。"② 这篇文章引起巨大争议。姚新勇以《"不道德"的经济学的道德误区》为题进行回应（1998 年第 11 期）。随后，经济学家张曙光也发表《经济学家如何讲道德——评〈中国人的道德前景〉》（1999 年第 1 期）回应何清涟，并引起新的争论。

总的来说，这次争论重要的社会影响，而不是理论深度。何清涟先生的理论根据主要是已故著名经济学家谬尔达尔的思想，她所说的人文关怀是指理论研究的价值前提而言。例如，当经济学家关注社会公正时，他就会研究这一社会问题的社会根源，并找到改革社会的现实路径。因此人文关怀并不是作为研究的内容，而是前提。而樊纲、张曙光等人依据的是西方社会科学的价值中立原则。樊纲所说的"不道德"，实际上是说，社会科学家道德中立，科学只是如实地反映现实，科学家眼中的事实没有善

---

① 陈岱孙：《当前西方经济学研究工作的几点看法》，《世界经济》1996 年第三期，第 68 页。
② 樊纲：《"不道德'的经济学》，《读书》，1998 年第六期，第 52 页。

恶之分，对科学事实不进行价值判断。二者说的是两个层次的问题。后来参与讨论的人更多是在误解的基础上进行争论。但是，这一争论的影响是巨大的。它把社会科学性质、社会科学在社会进步中扮演的角色，社会科学与价值，社会科学与利益集团的关系等问题摆在了人们面前。

近年来，对经济学家的批判、质疑的言论不断增多。许多人认为他们只不过是特定利益集团的代言人。在一定程度上，这是前面争论的延续。

历史似乎和人们开了个玩笑，社会科学的反思历程以质疑社会科学的阶级性开始，现在又以质疑社会科学的价值中立原则为终点。在这个过程中，社会科学是中立的还是具有阶级性，是科学还是意识形态，它在社会健康发展中的作用等问题又尖锐地摆到了人们面前。

1.2 价值中立原则的哲学思想依据

在西方社会科学中，实证主义和解释学都坚持价值中立原则，但是，它们所依据的哲学思想却不相同。实证主义社会科学依赖实证主义和逻辑实证主义，而解释学派则立足于新康德主义。价值中立原则最核心的思想基础是事实与价值的两分，其本质是事实的至上性。

1.2.1 价值中立原则的实证主义基础

近代英国哲学家休谟对事实与价值的划分是价值中立原则的思想基础。休谟从意识哲学出发，认为事实判断和道德判断是两类完全不同的判断。前者是科学的领域，其真或伪是指观念与事实的相符还是不相符，系词是"是"。后者对应的是内心的情感、动机、意志，系词是"应该"。所以，"道德并不成立于作为科学的对象的任何关系，而且经过仔细观察以后还将同样确实证明，道德也不在于知性所能发现的任何事实。"① 从事实判断的"是"推不出道德判断的"应该"。

西方社会科学的创始人孔德则通过历史哲学来阐明这一问题。他把科学看作人类理智发展的最高标志。随着人类理智的发展，人类经历了前后相继的三个时代：第一个时代为神学和军事时代；第二个阶段为形而上学和法学家时代；第三个时代是一个科学与实证的时代。在这个时代，工业生产开始占优势，一切理论观点均成为实证科学，或者即将成为实证科学。在孔德看来，实证科学是有用的、确定的知识，而不是想象的产物，它必须建立在经验事实的基础上，由此出发归纳出事实间的规律。由于神学、宗教和哲学都是人类智力没有充分发展的产物，它们都是与科学相对立，影响人类正确认识世界的思想体系，因此，科学必须拒斥一切经验不能证实的东西。对社会的认识必须仿效自然科学，尤其是物理学，在社会科学中应用自然科学的方法，建立"社会物理学"。这就是实证主义著名的统一科学纲领。一切科学要想成为"科学"，必须运用自然科学的方法。因此，一切科学都是价值无涉的，社会科学当然不会例外。社会科学是经验的、描述的，与一切价值无涉的科学。这样，孔德把科学认识局限在现象界，把超越经验事实的领域都作为非科学的领域抛弃了。与休谟不同，孔德不是笼统地谈认识，而是明确地讨论社会科学的标准问题，在社会科学领域产生了重大影响。

1.2.2 价值中立原则的新康德主义基础

新康德主义哲学中的建构主义、价值关联、价值关联与价值评价相区分的思想都是价值中立原则的重要思想资源。

韦伯是价值中立原则最著名的阐释者。在事实与价值的区分上，韦伯接受了休谟的思想，但是，对社会科学的性质、方法的认识，

---

① ［英］休谟：《人性论》（下册），商务印书馆，1994年，第508页。

新康德主义是其最主要的思想来源。这一学派的代表人物包括文德尔班、李凯尔特、拉斯克等人。如果把新康德主义作为当时的一种学术思潮，韦伯可以说是社会科学方面的代表。新康德主义的思想来自康德。康德认为，人的理性为自然立法，我们将感觉经验放入由科学理性创造的自然科学规律体系中而赋予客体以秩序。然而，这样的知识只适用于现象界，而不能告诉我们实在自身的任何知识。但是，根据康德的观点，可以通过实践理性来认识自在之物。人能够通过道德实践，通过直觉在整体意义上理解作为价值的世界、作为目的性王国的实在。新康德主义把这一思想引入到人文科学之中，强调自然科学与人文科学的区别，强调价值的作用，强调"解释"的方法在人文科学中的作用。同时，这一学派又坚持认为，像自然科学一样，文化科学也是被人类意识所构建的知识体系，文化科学的客观性的基础就在于意识的普遍性。

新康德主义的基本思想是"实在的非理性"，其实质是康德的"自在之物"的思想。其代表人物李凯尔特认为，现实具有连续的差异性特征。不管是自然、社会还是人的心理都处于流动之中，这是"一切现实之物的连续性原理"[1]。同时，世界上的事物都是有差异的，没有完全相同的事物和现象。这是"一切现实之物的异质性原理"[2]。因此，人类的理性概念框架无法如实地把握实在，经验现实是非理性的。科学只有在改造现实的基础上才能获得把握实在的权力。一方面，把经验现实把握为同质的连续性，也就是从量的关系来把握经验现实，这是自然科学的方法，它追求的是把握普遍规律。另一方面，把经验现实把握为异质的间断性，追求对事物独特意义的理解，这是文化科学的方法。在文化科学中，普遍性只是作为辅助性的知识。例如，希特

---

[1] ［德］李凯尔特：《文化科学与自然科学》，商务印书馆，1998年，第31页。
[2] ［德］李凯尔特：《文化科学与自然科学》，商务印书馆，1998年，第31页。

勒是个独特的历史人物,但是,为了理解他的歇斯底里特征,就需要一些精神病学的普遍性知识。

在新康德主义看来,价值是文化科学和自然科学相区别的关键,自然现象没有价值,而文化现象是与价值相联系的。文化科学不是反映,而是人类理性的构造。科学总是根据一定的原则,把本质与非本质的内容区分出来,这些本质内容的总和就是科学知识,而选择原则就是内容的形式。对文化科学来说,价值就是文化科学的选择原则。在新康德主义看来,价值不是生物学、心理学的纯粹经验事实,而是先验的、独立的规范。价值是作为"应该"的东西与现实相对立。李凯尔特在谈到人所具有的超越自身的理想时,认为,"这种理想由以形成的价值'被发现了,并且像天空中的星星一样逐渐地随着文化的进步而进入人的视野之中。这不是旧的价值,也不是新的价值,它们就是这种价值'。"① 价值是引领社会不断进步的原则,一种永恒的原则,它不断地体现在人类的进步过程中。价值给文化科学提供了一种意义构架。对文化科学来说,价值作为先验的原则,它具有如下的特点,它是选择的原则、形式的原则和构造的原则。

价值不是物理的和心理的现实,但是它和现实是联系的,不同的联系形式产生了价值关联与价值评价的区分。"首先,价值能够附着于对象之上,并由此使对象变为财富;其次,价值能够与主体的活动相联系、并由此使主体的活动变成评价。"② 李凯尔特认为,通过价值联系,文化科学获得了认识对象,并构成文化科学知识体系。但是,文化科学的认识在于认定价值,它不是评价性科学。"理论的价值联系处于确定事实的领域之内,反

---

① [德] 李凯尔特:《文化科学与自然科学》,商务印书馆,1998年,第129页。
② [德] 李凯尔特:《文化科学与自然科学》,商务印书馆,1998年,第78页。

之，实践的评价不处于这一领域之内。"① 所以，在文化科学中，要把价值关联与价值的评价区分开。

李凯尔特的新康德主义有不可克服的理论困境。其一，文化科学否定普遍性、一般概念，极端地强调特殊性。但是，任何学科都要应用一般概念，否则，就无法讨论问题。其二是文化科学的客观性问题。李凯尔特把价值作为先验的概念框架的原则来组合历史现象，但是，又认为价值是超验的、永恒的，"由价值而达到的统一性不是真正历史的统一性，而是意识构造的统一性。这种统一性一旦建立，历史性也就随之消失了。"② 李凯尔特以追求历史的独特性开始，又以超历史的形式原则消灭了历史。

实在领域的非理性特征、价值的构造性原则以及价值关联和价值评价的区分，都是韦伯社会科学方法论的理论来源，尤其是他的价值中立思想的理论基础。韦伯从两个方面与李凯尔特不同。作为一个社会科学家，韦伯在坚持人类科学的独特性、理解人类活动的意义的同时，必然要探索人类的行为具有普遍意义的规律。另外，韦伯强调人类价值观念的冲突，认为各个民族处于永恒的冲突之中，拒绝先验的、共同的价值观念。

实证主义与新康德主义有重要区别。实证主义坚持自然科学的典范地位，要求一种统一的科学纲领，新康德主义坚持自然科学与人文科学的划分；实证主义坚持外在的描述，否认价值在认识中的作用，而新康德主义坚持价值关联，承认价值作为构造原则的作用；实证主义承认存在客观规律，坚持认为社会科学建立在描述的基础上，而新康德主义坚持客体的建构学说。

但是二者也有共同点，它们都坚持事实的至上性。事实是呈现出来的，其内容是既定的，必须如其所是地描述、分析事实。

---

① ［德］李凯尔特：《文化科学与自然科学》，商务印书馆，1998 年，第 79 页。
② 张汝伦：《历史与实践》，上海人民出版社，1995 年，第 31 页。

它们否定对经验事实的超越，坚持事实与价值的两分，都面临着社会科学中的"自在之物"问题。

1.2.3 价值中立原则的逻辑实证主义基础

随着思想的不断发展，逻辑实证主义成为当代西方主流社会科学价值中立原则的思想基础。这一学派从语言分析出发，坚持经验证实原则，认为价值是非认知的，从而主张将一切价值因素排除在科学之外。关注句子的意义是逻辑实证主义区别其他笛卡尔之后的认识论和形而上学的关键。

逻辑实证主义以逻辑原子主义为出发点，把单个的语句视为语言分析的基本单位来分析句子的意义。这种哲学认为，一个句子的意义就是知道证明它的方法。有意义的句子可以分为两种，一种是分析命题，另一种是经验命题。对经验命题，它坚持语言图像说，一个句子就是反映某一事物的某种状态。所谓真就是句子表达的内容与所描述的对象一致。而当句子表达的内容没有相应的可验证的经验对象时，这个句子不是错，而是无意义。依据逻辑运算，从原子命题可以建构出分子命题，而分子命题的真值就依赖于原子事实的真值。这样，逻辑实证主义凭借着内在于语言的逻辑结构建构出世界的逻辑结构。

在事实与价值的关系这一问题上，逻辑实证主义以非认知主义的态度来看待价值判断，认为价值陈述与经验事实陈述是完全不一样的。价值陈述只是在表达一种情感。如"张三是个好人"这样的语句并不是在陈述一个经验事实，而是在表达一种情感，表达一种祈使命令，"你要像张三那样呀"。这样的价值命题既不能翻译为事实命题，也不能翻译为分析命题，它就是非认知的，没有认知的意义，不能被判断为对或错。因此，涉及价值的陈述都是无意义。因此，关于价值中立原则的早期争论，不管是认为有统一的价值还是没有统一的价值，不管是认为价值处于绝对的冲突还是价值可以进行妥协，对逻辑实证主义来说都是没有意义的。这样，凭借严厉的经验证实原则，任何涉及价值的因素都被严格地排除在科学之外。从这种严厉的科学纲领来看，任何超科学的价值因素进入社会科学都会损害社会科学的客观性。逻辑实证主义所要做的，就是通过严格的语言分析这把"奥卡姆剃刀"，把一切意识形态以及与此相关的情感、意义和价值观念从社会科学中剔除出去。

用句子来限定意义的范围，意义的标准就成为自主的。从这种标准出发，新康德主义的科学观念就无立足之处了。这是因为，新康德主义把先验的价值作为意义框架，认为只有在认识主体的价值视野内，认识对象才会呈现出来，价值成为区分事物有意义还是无意义的标准。但是，在逻辑实证主义看来，这是从外部建立句子的意义标准。一旦如此，认识主体特殊的偏爱就会进入句子，一种神秘实体的知识就会嵌进句子中。在逻辑实证主义看来，这些价值、实体及其相关的知识都是无意义的，它们不是经验科学所要追求的目标。这样一来，新康德主义所讨论的价值关联、作为理论前提的价值问题都被抛弃了。新康德主义也随之衰落了。但是，在上个世纪70年代，西方社会科学中出现了强劲的文化转向，新康德主义强调的文化科学的独特性、解释和价值关联等思想又引起了人们的重视。

总之，价值中立原则的哲学基础虽然有很大不同，但是有几点是共同的。其中最重要的就是坚持事实的至上性。不管实证主义还是逻辑实证主义都把经验事实或经验陈述作为认识的基础。新康德主义虽然承认经验事实是被选择的，但是，一旦认定，它就成为组成知识的基本要素不可改变。

1.3 价值中立原则含义辨析

1.3.1 事实与价值的概念界定

事实与价值是价值中立原则的核心概念。但是，这两个概念的含义比较模糊混乱。学者们有的用"事实与价值"、有的用"实然与应然",还有的用"是与应该",更有的用"is"与"ought"。很多人望文生义,对概念还没有细致梳理的情况下就开始讨论,这样,很多人往往在不同的意义上、不同的层次上讨论这个问题,发生了很多不必要的争论。因此,在讨论价值中立原则之前,必须要界定事实与价值的定义。事实与价值是哲学史上著名的难题,即使简单叙述一下对这个问题的讨论,也需要极大篇幅,所以,在此只是在社会科学方法论的领域内来界定事实与价值的概念,或者说,是在科学活动的主客体关系的框架内对这一原则的基本含义进行辨析。

首先看什么是事实。无疑,这个事实是指科学的事实,是科学活动所指的对象。迪尔凯姆在区分"实在的判断"和价值判断时,认为"实在的判断"就是对存在的东西的判断。在他看来,"事实"是对人的意识产生制约作用的外部事物。所以,他要把社会事实作为物来考察。韦伯对"事实"的看法与迪尔凯姆有区别。在《"道德中立"在社会学和经济学中的意义》一文中,韦伯认为教师要承担起一个责任,"坚持不懈地向他的听众,尤其是向他自己讲清楚,他的哪些陈述是根据逻辑推出的陈述或根据经验观察得出的事实,哪些陈述是关于实际评价的陈述"。[①] 从这里可以看出,在韦伯的讨论中,事实是从经验观察得出的事物的实际情况。哲学家罗素和维特根斯坦从语言分析的角度对"事实"这个概念进行过深入探讨。罗素认为,"严格地说,事实是不能定义的,但是,我们可以说,事实是那些使得命题为真或是为假的东西。"[②] 维特根斯坦认为,"发生的事情,即

---

① [德] 马克斯·韦伯:《社会科学方法论》,华夏出版社,1999年,第101页。

② [奥] 维特根斯坦:《逻辑哲学论》,商务印书馆,1999年,第7页。

事实，就是诸事态的存在。"① 从罗素和前期维特根斯坦的语言哲学思想来看，语言是图像，当命题与反映的事物状态一致时，命题为真，不一致时，命题为假。所以，事实是事物的状态、属性关系。但是，事实不是事物。与实物相对应的是词，如树、石头，与事物的状态相对应的才是命题，如树是绿的，石头是坚硬的，石头在书的下面等。这两位哲学家是逻辑实证主义奠基人，逻辑实证主义也是在此基础上使用这个概念。随着科学哲学的发展，人们逐渐抛弃了这种极端的逻辑原子主义，观察渗透理论的观点为人们所认可。任何经验现象，一旦呈现出来，里面已经渗透着理论概念框架。马克思主义哲学家卢卡奇很早就指出这一问题，"事实只是在这种情况下，因认识目的的不同而变化的方法论的加工下才能成为事实。……事实就已经是一种理论、一种方法所把握，就已经从原来所处的生活中抽出来，放到理论中去了。"②

这里不是要讨论什么是正确的事实概念，而是讨论关于价值中立争论中人们在什么意义上使用事实。总体来说，事实是指在科学研究活动中呈现在人的意识面前的事物的状态、性质和关系，主体用概念把握这种事实形成事实陈述。

一般说来，价值是指主体和客体之间的关系，客体的性质满足主体的目的、需要。在价值中立问题的讨论中，价值往往是价值判断的简称，往往指认识主体对客体的主观愿望，或者是抽象的规范。韦伯明确地说，"'价值判断'这一术语并不隐含或特别说明别的什么意思，而应把它理解为是对易受我们影响的那些

---

① ［奥］维特根斯坦：《逻辑哲学论》，商务印书馆 1999年，第25页。
② ［匈］卢卡奇：《历史与阶级意识》，商务印书馆，1999年，第50页。

让人满意或不满意的现象的性质所做的实际评价。"①

1.3.2 价值中立原则的实践和方法论含义

价值中立原则的争论围绕着"事实与价值"的关系展开，但是，事实与价值的关系只是这一问题中的一个层面。在它后面，还隐藏着诸多更深刻的问题。在这一问题争论的思想史中，马克斯·韦伯对这个问题讨论的最详细，各个层次的问题都触及了，对后来社会科学影响也最大，所以，本小节就围绕着马克斯·韦伯的观点来区分这一问题。

价值中立原则包含两个层次，一个层次是在实践意义上的价值中立原则，另一个是在方法论意义上的原则。

韦伯认为，在实践意义上，社会科学本质不涉及终极关怀，不能解决人类的目标问题，也就是所说的"应然"。科学只能告诉我们能做什么，如何做，但不能告诉我们应该做什么。这是因为，价值陈述与事实陈述在逻辑上是根本不同的，从前者不能逻辑的推出后者。韦伯在其著名的"以学术为业"的讲演中说，科学工作者"只能要求自己做到知识上的诚实，认识到，确定事实、确定逻辑和数学关系或文化的内在结构是一回事，而对于文化价值问题、对于在文化共同体和政治社团中应该如何行动这些文化价值的个别的内容问题做出回答，则是另外一回事。……讲台不是先知和煽动家应呆的地方"。②

当然，韦伯并不是反对科学参与实践，而是认为科学要看到自身的局限性。科学对人类的贡献在于，科学可以为人类目标提供手段，在有了明确目标的前提下，科学可以提供适当的、合理的手段。科学也可以帮助人们确定，在现有的条件下可以达到什

---

① [德] 马克斯·韦伯：《社会科学方法论》，华夏出版社，1999年，第100页。
② [德] 马克斯·韦伯：《学术与政治》，三联书店，1998年，第37页。

么样的目标。但在目标是否合理、正确这个问题上,科学就束手无策了。任何社会政策都包含着价值的因素,这些价值都是相互冲突的,社会科学并不能判断谁更科学,社会科学也不能通过妥协这些价值观念获得更科学的价值观念。因此,价值问题、社会目标的问题并不是科学能够解决的问题,而是由社会实践者自己选择的,甚至可以说,价值的选择是由政治领导人凭借洞察力而做出的一项决定、命令。

在韦伯生活的时代,对科学实践能力的限制并不是理所当然的。迪尔凯姆在区分事实判断与价值判断的同时,又把自己的观点与这样一种观点区分开,"按照一种在各个不同学派都有其支持者的理论,科学决不教导我们应该有什么愿望。据说,科学只知道具有相同的价值和同样利益的事实,对它们进行观察、解释,但不加评价。"[1] 他坚持认为科学可以解决人类的目标问题。"如果我们能够找到一个为事实本身所固有的、并能使我们科学地分辨出各类现象中健康的与病态的客观标准,科学就可以在忠于自己的固有方法的同时照亮实践。"[2] 从这一点出发,当人们找到特定历史阶段某一种社会事实的普遍特征时,并加以概括,"健康的"社会事实的标准就被发现了,而偏离这一标准的就是"病态"的社会事实。这样,人们的任务就是维护社会的正常状态,当它偏离时,就努力恢复它。所以,科学是能够给人们提供合理的社会目标的。

从这里可以看出,价值中立原则涉及的社会目标包含着两个含义。一个是把社会目标理解为主观的愿望或是抽象的价值观念。在这个意义上,价值中立原则主张把科学事实与主观的愿望区分开,如对科学事实喜欢还是不喜欢。这是韦伯与迪尔凯姆都赞同

---

[1] [法]迪尔凯姆:《社会学方法的规则》,商务印书馆,1995年,第66页。
[2] [法]迪尔凯姆:《社会学方法的规则》,商务印书馆,1995年,第68页。

的，而且，马克思主义社会科学也同样赞同这一点。马克思曾经在致帕·瓦·安年科夫的信中说过，"我因嘲笑那种绵羊般的、温情的、空想的社会主义而招致许多敌视。"① 这是价值中立原则的合理因素，也是社会科学从思辨体系走向科学的重要标志。

但是，社会目标还有另外一层含义，即科学的、合理的和客观的社会目标。恩格斯在谈到科学社会主义时指出，"它的任务不再是构想出一个尽可能完善的社会体系，而是研究必然产生这两个阶级及其斗争的那种历史的经济过程；并在由此造成经济状况中找出解决冲突的手段。"② 在马克思和恩格斯看来，科学能够揭示人类行为的目标，但是，这一目标来自对社会经济政治状况的研究，科学揭示的社会目标与人对社会现实的主观愿望、空想是完全不同的。

而韦伯明确提出，社会科学不能涉及合理的目标问题，这一点来自他对社会科学性质的理解。韦伯认为，社会科学并不是对社会现象的反映，不管是实证主义所说的对外部规律的反映，还是马克思主义所说的对社会内在矛盾和本质规律的反映，本质上都是主体的建构。韦伯认为，社会科学是有价值关联的，"'价值关联'这一用语仅仅指对那种特殊的科学'兴趣'的哲学解释，这种特殊的科学兴趣决定了对特定课题的分析和经验分析问题的选择。……它表明文化的（即评价的）兴趣为纯粹的科学工作提供了方向。"③ 人类社会是一个文化的世界，一个价值的世界，只有在一定的价值视野中，社会的事实才会呈现出来，研究者才会获得研究的方向和材料。而社会研究总是从特定的价值关注点

---

① 《马克思恩格斯选集》第四卷，人民出版社，1995年，第541页。
② 《马克思恩格斯选集》第三卷，人民出版社，1995年，第739页。
③ ［德］马克斯·韦伯：《社会科学方法论》，华夏出版社，1999年，第120页。

出发，在其中选择特定的事实，并在这一基础上建构理论。韦伯称这样的理论为"理想类型"。但是，韦伯指出，"真实现象恰好对应于这些理想类型或纯粹类型的情况……很少出现……（它）总是在意义层次上根据合适的观点而建构的。……所建构的理想类型越是严格和精确，从而在某种意义上它越是抽象和非现实。"① 理想类型并不反映社会实在，也不是从事实中归纳出来的普遍性规律，它只是人们理解社会而构造的工具。

因此，在韦伯看来，社会科学的性质决定了它不能为人类指出实践的目标，不能涉及"应该"的问题。例如，人们一般都持这样一种观点，当我们认识了自由市场的本质、结构、规律、动力，我们就能以此来审视社会，并由此找出社会的不足，加以改进。这时，社会的客观目标就出现了。但是，韦伯认为，不管是马克思主义对资本主义的研究还是自由市场理论都是理想类型。它们并不是对社会规律的概括，也不能揭示历史进程。因此，它就不可能成为一种改变现实的标准。迪尔凯姆所说的"健康"社会的标准是不存在的，马克思主义所说的科学社会目标也是不存在的。

通过上述分析可以看到，作为社会科学的实践原则，价值中立原则最核心的问题是，社会科学能不能提供合理的、科学的社会目标。韦伯从自己的理想类型的观点出发，把一切关于社会目标的问题都视为主观愿望，而以马克思主义为代表的批判社会科学则认为社会科学可以确定合理的客观的目标。

价值中立原则的另一个层面是方法论意义上的。韦伯认为，在科学研究的过程中，必须把对事实的分析与对事实的价值判断区分开。价值判断应该被理解为是对易受我们影响的那些令人满

---

① ［德］马克斯·韦伯：《社会科学方法论》，华夏出版社，1999年，第54—55页。

意或不满意的现象的性质所做的实际评价。但是,从社会科学的价值关联特征而言,社会科学的事实都是价值事实。因此,在这个意义上,社会科学就是在研究价值事实。所以,在社会科学方法论意义上,价值中立原则含义是把对价值的分析与对价值的评价区分开。例如,我们可以研究一个基督徒的行为,从他的行为推测他的目的,并进一步分析他所依据的价值观念,以及这种价值观念在整个基督教教义中的位置。但是,在这个过程中,我们必须把这种分析过程与对基督教的评价区分开,如基督教值不值得信仰的问题。当社会科学家对分析对象进行价值判断的时候,科学也就结束了。

这样,在社会科学的研究过程中,能否把对价值的分析与价值的评价区分开就成了争论的核心。这个问题是方法论意义上价值中立原则的关键。

在后来的社会科学发展中,由于逻辑实证主义的强大影响,韦伯的价值中立思想被简化、实证化了。社会科学的价值关联的思想被忽视了。价值关联与价值评价的关系被理解社会科学起源的问题和社会科学的逻辑问题被排除在社会科学方法之外,或者说是"知识的语境"问题与"知识的内容"问题。价值中立成为完全的价值无涉原则。价值中立原则争论的多层含义也被完全简化了。

从以上分析,我们可以把价值中立原则区分为以下问题。

实践领域的问题,即社会科学的性质能否解决道德的、政治上实践的目标问题。这个目标问题又包含以下含义:第一,作为个人主观愿望、普遍的价值的目标问题;第二,从社会的历史规律、本质结构中揭示出的客观目标问题。

把社会科学研究的事实与人的主观愿望、抽象的价值区分开,这是所有社会科学共同具有的,如果价值中立原则仅仅是这个意思,那么,它就是正确的。但是,这里的关键问题是,社会科学能不能为社会实践提供共同的目标,提供正确、客观的目标?

另外一个是方法论领域的问题。价值中立原则要求对事实与价值的评价进行区分,防止超科学的价值观渗透进入社会科学研究的过程。但是,作为人的科学,能否排除价值评价?方法论意义上的价值中立问题的争论是在这个意义上展开的。

本书的讨论围绕这两个问题展开。在价值中立的可能性问题讨论中,是从方法论意义上来讨论这一问题。在对超越事实至上性的讨论中,是围绕着实践意义上的价值中立原则的可能性来讨论的。

1.3.3 价值中立原则与现代性危机

价值中立原则的争论并非是一个简单的方法论问题,也并非是纯粹的社会科学研究中的技术问题,价值中立问题所触及的是现代社会意识形态的核心问题。

自启蒙运动以来,理性与进步被内在地联系起来,人们曾经乐观地认为,随着理性之光普照世界,理性的千年王国就会来临。但是,随着历史进程,人们开始发现,在现代文化深处蕴含着巨大的危机。这一危机就体现在休谟提出的"事实"与"价值"的分裂之中。事实与价值的分裂本质上是科学与道德、人类理性与意志的分裂。它进一步的推论是,人类的价值领域、道德领域是没有理性基础的。因此,休谟所提出的事实与价值的关系问题,不仅仅是一个逻辑问题,一个认识论问题,在更深层次上,他追问的是道德合理性的基础何在,美好生活的合理基础何在,启蒙运动宣称的理性千年王国何以可能?实际上,休谟的追问是启蒙时期思想界的普遍困惑。帕斯卡沉思理性的软弱无力,卢梭认为与科学和艺术进步相伴的是道德沦丧,康德对理性与信仰的划分,所有这些思考都是围绕这一问题进行思考。在《拉摩的侄儿》中,狄德罗以文学的形式提出同样的问题,他相信做一个善良的人最有价值,但又找不到道德的充分理由。在现代文化的核心之处,"真"与"善"处于分裂之中。事实与价值的分裂正是从认识论的维度触及了现代意识形态的核心问题。

1919年,韦伯作了"以学术为业"的讲演,明确提出科学的价值中立原则,认为科学不涉及终极关怀。韦伯的讲演在德国思想界引起了轩然大波。何以如此?就是因为韦伯的思想折射出了现代文化的困境,现代社会人类生存的巨大困境。启蒙运动确定了理性推动人类进步的观念。但是,在韦伯看来,人类的理性化只是工具理性化的过程,给人类赋予意义的传统在这一过程烟消云散,现代化的过程是一个去魅的过程,这是人类的宿命,人类将生活在工具理性的铁笼之中。而科学就属于工具理性的范畴,它只能给人提供手段,不能提供合理的目标。在这个意义上,价值中立原则在为社会科学规定客观性的范围的同时,也把人类的理性发展、社会发展规定在工具理性的范围内。韦伯的价值中立原则中体现的正是这种悲观情绪,它为人和社会的行为能力划定了界限,给人类未来描绘了一幅阴暗图景。这并非韦伯的个人感觉,这是西方现代文化的危机。俄国作家扎米亚京的《我们》、英国作家A·赫胥离的《美丽新世界》和乔治·奥威尔《1984》等人的反乌托邦三部曲在那个时期前后出现,都弥漫着这种悲观情绪。所以,如果理性与进步是现代社会的核心理念,那么,价值中立原则,或者说科学的界限问题就是现代文化的核心问题。

二战以后,西方社会进入晚期资本主义,社会财富极大丰富,但是,现代性危机并未消除。一方面,作为工具性的科学迅速发展,人们的控制能力已经进入微观粒子,进入生物细胞,进入宏观宇宙。另一方面,人类的行为的目标却没有一个合理的尺度,只能凭借个人主观欲望。工具主义和个人主义的尖锐对立,标志着现代性危机加剧了。

但是，与此同时，由于对社会历史的不同理解，价值中立原则被赋予了不同的含义。实证主义把社会进步看作一个技术化的过程，人类通过这种技术知识就能获得解放。由此从正面高扬"价值中立"原则。现代文化危机被理解为社会的进步。而批判理论从现代资本主义性质的理解来看价值中立原则。在批判理论看来，在事实与价值的区分中，新的社会目标被理解为价值、理解为人的主观愿望，从而被拒斥于科学之外。人被局限于事实，安于现状，失去了对现实的超越性。社会成为单向度的社会，人成为单向度的人。这样，价值中立原则已经成为晚期工业社会的意识形态。

社会目标的问题是不是仅仅是个价值问题，社会科学能不能揭示历史的趋势、必然过程，能不能提供一个科学的目标，理性能否为人类提供更合理的未来，真与善能否在认识中、在社会中达到统一，这些都是价值中立问题所涉及的深层问题。

在我国，价值中立原则逐渐在产生影响，"是什么"和"应该是什么"的划分逐渐被视为理所当然的。科学的领域是"是什么"，而哲学、伦理学才涉及价值问题，也就是"应该是什么"的问题，这实质上也是否认了科学能够解决人类的合理目标问题。但是，我国现代化的进程就是要使社会不断合理化。面对不平等的国际政治经济秩序，我们能不能拥有一个更加公正的世界秩序？面对改革开放的关键时期，社会科学能不能提供合理的、公正的发展目标？这些都是实践提出的重要问题。

所以，在从方法论上讨论价值中立原则的同时，还必须把它与人类的命运联系起来，与人类的发展联系起来加以思考，只有这样，才能把理论的反思与社会的发展真正有机地结合起来。

第2章 价值中立原则的知识社会学考量

社会科学不仅仅是一条条零散的确证的知识，也不仅仅是一系列得到这些知识的逻辑方法，社会科学更是发生在人类生活中的一系列社会活动，而价值中立原则正是这种社会活动的规范。社会存在决定社会意识。如果要想真正理解价值中立原则，就必须联系它所产生的特定的社会历史环境，必须联系这种特定历史环境下人类的行为方式来理解它。价值中立原则以事实与价值的分裂为理论根据，那么，我们首先面临着如下问题，事实与价值的关系何以在现代社会成为问题。价值之所以无法确定其合理性是因为它被认为是主观的，那么，价值何以转变为个人的主观愿望，转变为非理性的呢？这一转变与现代社会的经济、政治和文化状况有何关系？人类的合理目标何以在现代社会成了问题？其次，价值中立原则是在20世纪初提出并逐渐确立起来，作为对社会科学和社会研究者的规范性要求，它为什么只是在当代西方社会被视为理所当然准则？最后，社会科学在晚期资本主义执行什么样的功能，这些功能与价值中立原则的关系是什么？本章从这些问题入手，认为由物化意识形成的抽象的个人观念形成了西方现代意识形态的困境，导致了事实与价值的分裂，物化意识的局限决定了社会科学的局限。从现代社会的分工体系来看，晚期资本主义需要在不破坏资本积累体制的前提下对社会进行调控，社会科学的体制化正是在这一背景中进行的。作为西方社会体制的组成部分，西方主流社会科学把自身的功能限制在手段的职能上。从社会科学活动的主体来看，在晚期资本主义社会中，技术专家型知识分子代替了传统知识分子。现代技术专家型知识分子已经融入现存经济政治体制，执行着技术职能，自身也获得了相应的地位和利益，所以，价值中立原则是西方社会科学社会角色的规范化，是技术专家型知识分子的行为规范。所以，以价值中立原则为指导的西方社会科学不可避免地渗透着"技术"旨趣。

2.1 事实与价值的分裂和物化意识

价值中立原则的哲学基础就是事实与价值的两分，但这种分化并非自古就有，它是在西方资本主义社会兴起的过程中出现的。在思想领域，这种分裂源于西方理性观念的转变，这一转变建立在抽象个人观的基础上，而这种抽象的人的观念是现代社会经济结构衍生的物化意识。在这种物化意识中，人类的合理目标问题转化为价值问题，而价值又转变为个人的非理性的意志和愿望，从而，人类的目标失去了理性基础。

2.1.1 西方理性观念的转变：事实与价值分裂的直接原因

事实与价值的分裂是指从事实判断不能推出价值判断。英国哲学家休谟指出，事实判断和道德判断是两类完全不同的判断。前者是科学的领域，其真或伪是指观念与事实的相符与不相符。后者对应的是内心的情感、动机、意志，系词是"应该"。所以，从事实判断的"是"推不出道德判断的"应该"。"事实"与"价值"的分裂意味着人类的价值领域、道德领域是没有理性基础的。这一问题是启蒙时期思想界的普遍困惑，它从认识论的维度触及了现代意识形态的核心问题，引起了当时以及后世哲学家的极大关注。从康德对理性与信仰的划分，韦伯对世界去魅的忧虑，到法兰克福学派对工具理性激烈批判，以及当代学者查尔斯·泰勒对现代性之隐忧的叹息无不围绕着这一问题。

但是，事实与价值的分裂在启蒙时期出现是偶然的吗？
要透视事实与价值的分裂这一思想现象，仅仅从哲学、逻辑学的发展来分析是不够的，必须把它放到启蒙运动时期的文化背景来分析，从这一时期兴起的个体主义现代意识形态的内在困境来理解。在思想领域，事实与价值分裂的直接原因是西方理性观念的转变以及由此造成的理性超验结构的消解。

现代意识形态是指西方现代社会所特有的思想和价值体系。这种思想体系核心是个体主义，在这一体系中，"人是一种伦理生物，它独立自主，因而是非社会的，它负载着我们的最高价值。"[①] 而人类社会被认为是从这些个体的相互作用中产生，体现着个人的价值。这一价值体系经过文艺复兴、宗教改革运动后在启蒙运动中完成。这种个体主义成为当时人们理解自然与社会的原点。自然界被理解为由受力学规律支配的原子组成的，原子的聚散就是事物的生生灭灭。与此相对应，社会是由理性的、自利的、自主的原子式个体组成。自利提供动力，理性提供法则或规律。理性被理解为自然法则。凭借源于人类本性的理性法则，在经济领域，这些原子组成了市场。在政治领域，这些理性原子通过协商签订契约形成了国家。根据理性的原则，人类将走向幸福和谐的千年王国。因此，社会中任何事物都要源于理性，符合理性。

但是，个体的理性何以拥有如此至高无上的地位呢？无疑，科学技术的进步，经济的发展等社会变化都为理性的地位提供了有力的支持。但就价值体系而言，理性在现代意识形态中的地位有其独特的西方文化渊源。

个体理性的神圣地位源于基督教文化赋予它的超验结构。在中世纪的基督教文化中，人被理解为出世的个体。个体的价值是与上帝相联系的，而现实的世俗社会则是虚幻的，或者说只具有次要的价值。在人与上帝的关系中，人通过信仰获得启示真理，

---

① [英]史蒂文·卢克斯：《个人主义》，江苏人民出版社，2001年，第22页。

但理性并非不重要,通过理性,人可以更好地理解上帝的启示。当时的自然法则观念就体现了这一思想。"主导的理念是上帝的理念,它是普遍的、精神的和物质的自然法则,它统治一切事物。而且,作为世界的普遍法则,支配自然,使个体在自然与社会中具有不同的立场,而且成为人身上的理性法则。这个理性承认上帝,而且与上帝成为一体。"[1] 从一定意义上讲,理性、自然法与上帝的理念是三位一体的。人可以通过理性法则,也就是自然法则分享上帝的理念。换一种说法,人可以通过理性进入永恒的、神圣的宇宙秩序,个体理性与神圣秩序有先验的契合。这种秩序给人的行动以规范,给人的生命以意义。这时的理性是实质理性,它可以提供神圣的价值体系,事实与价值在这里是统一的。

在宗教改革时期,出世的个体转变为入世个体。加尔文提出"因信称义",人无力拯救自己,只能等待上帝。但是,上帝的选民是有标志的,这就是世俗生活的成功。这样,人在现实的生活中也可以获得拯救,但这种拯救来自上帝,上帝的意志就体现在个人意志中。这种超验的结构给人的意志与理性提供了神圣性。从追求个人欲望的理性个人的活动中产生的社会、产生的价值体系体现着上帝的意志与智慧。宗教改革的这种思想实质上是一种前定和谐的观念。

在17世纪,理性观念发生了转变,笛卡尔是这一转折时期的代表。他所探讨的理性是主体的思维能力,理性变成了思考的程序。但是,这种理性并没有完全摆脱中世纪理性观的影响。在讨论知识的确定性时,笛卡尔不得不求助于上帝,人的理性与上帝的理念仍然保持着对应的关系。"理性是'永恒真理'的王国,是人和神的头脑里共有的那些真理的王国。因此,我们通过

---

[1] [法]路易·迪蒙:《论个体主义》,上海人民出版社,2003年,第29页。

理性所认识的,就是我们在上帝身上直接看到的东西。理性的每一个活动,都使我们确信我们参与了神的本质,并为我们打开了通往心智世界、通往超感觉的绝对世界的大门。"①

到了18世纪,随着启蒙运动对宗教摧枯拉朽式地批判,上帝失去了往日的神圣光辉。上帝死了! 理性、自然法、上帝之间的联系断裂了,西方理性的超验之源消失了。理性从实质理性转变为形式理性。理性只是人的思维能力,是一种引导我们去发现真理、建立真理和确立真理的思维程序。西方文化传统中牵引着孤立个体的先定秩序也随之消隐了。

假如没有上帝,是不是什么都可以? 这正是事实与价值的分裂凸显出的现代意识形态困境的核心问题。当人变成了凭借理性追求自身欲望的孤立个体时,理性与意志便成为个体身上两个领域,意志是动力,理性只是意志的工具。对于他们而言,欲望提供目标但不属于理性,但是理性又不能确定目标。什么是人合理的目标? 什么是应遵守的道德? 在这里,人类道德、价值体系的确定性基础在哪里呢? 一切社会目标、道德和价值都变成了个人主观的非理性欲望,而理性只是实现个人欲望的工具。一边是泛滥着个人欲望,一边是不断扩展的工具理性。理性千年王国又在哪呢?

2.1.2 抽象的个人观:事实与价值分裂的深层思想原因

实际上,理性观念的转变只是事实与价值分裂的直接原因,进一步分析就可以发现,独立的、自利的理性人这一观念是事实与价值分裂的深层思想原因。这是一种抽象的个人观,它产生于对人与社会关系的误解,并且成为当时启蒙思想家思考问题时共享的不言而喻的前提。

启蒙运动时期兴起的现代意识形态的思维特征是分析式的。

---

① [德]恩斯特·卡西尔:《启蒙哲学》,山东出版社,1988年,第41页。

启蒙思想家都设想一种自然状态，人处于孤立状态，为了自身利益，这些孤立个体依据自然法，或者说理性订立契约，由此构成了社会秩序。这一思想体系把人理解为孤立的原子，他们是自利的、理性的，追求着自身的最大利益。社会是由这些原子人协商而产生的，社会秩序以及相应的价值体系是个人理性有意识创造的。社会、道德或价值具有个人性质，是个人实现自身利益的工具，个人是它们的源泉，这一思想体系对社会、道德、价值体系持工具主义、个体主义态度。

现代意识形态对人与社会的理解是典型的抽象的个人观。"个人被抽象地描绘为一种既定的人，有着既定的兴趣、愿望、目的、需要等等；而社会和国家则被描绘成或多或少满足个人需要的实际的或可能的社会安排……这种抽象个人观的关键就在于它把决定社会安排（实际地或理想的）要达到的目标的有关个人特征，不管是本能、才能、需求、欲望、权利还是别的什么，都设想成了既定的、独立于社会环境的。"[1]

前面仅仅是在思想意识领域讨论现代意识形态困境的文化根源和它的根本观念。但是，不能简单地把现代个人主义理解为西方传统基督教个人主义的发展。二者有着不同的社会基础。西方传统的基督教个人主义是与西方中世纪封建社会相对应的意识形态，而现代意识形态是与资本主义社会结构相对应的思想结构。从一定意义上说，人们是利用传统的思想资源理解、论证新出现的社会秩序。只有把抽象的个人观与现代社会结构结合起来，才能真正认识它的实质。

马克思针对资本主义以来的这种抽象的个人观有过精辟地批判。"被斯密和李嘉图当作出发点的单个的孤立的猎人和渔夫，属于18世纪的缺乏想象力的虚构……其实，这是对于16世纪以

---

[1] ［英］史蒂文·卢克斯，《个人主义》，江苏人民出版社，2001年，第68页。

来就作了准备、而在 18 世纪大踏步走向成熟的'市民社会'的预感。这种 18 世纪的个人,一方面是封建社会形式解体的产物,另一方面是 16 世纪以来新兴生产力的产物,而在 18 世纪的预言家看来(斯密和李嘉图还完全以这些预言家为依据),这种个人是曾在过去存在过的理想;在他们看来,这种个人不是历史的结果,而是历史的起点。因为按照他们关于人性的观念这种合乎自然的个人并不是历史中产生的,而是由自然造成的。"①

正如马克思所指出,这种抽象的理性个人观是随资本主义而兴起的,理性的、自利的个人实质上是对市场中人们行为特征的一般化、抽象化。从抽象的个人观出发所描述的并不是真实的社会,而是新兴的资本主义社会的自我意识,并以这种意识理解所有社会历史。它不是把理性、自利的个人视为生活在现实的经济活动中的人,不是新兴资本主义社会的结果,而是将其从现实的社会历史中割裂开来,放在社会历史的起点,把社会秩序、道德体系看成这种理性、自利的个人筹划自身利益最大化的结果,从而颠倒了人与社会历史的关系。因此,从这种抽象的个人观出发,个人的非理性的欲望成了一切社会目标、价值、道德的基础。

抽象的理性个人观也与启蒙时期的认知旨趣和启蒙知识分子的自我意识紧密相连,成为了启蒙思想家们共享的、不言而喻的思考问题的前提与出发点,形成了一种文化无意识。

启蒙时期正值新旧社会交替之际,这决定了这一时期的认知旨趣。就当时的启蒙思想家而言,他们追求的是对现实的批判,追求的是一个替代现实社会的理想社会,他们要以理性之光普照一切。他们关心的是理想的社会是什么样,而不是现实是何以产生的,追求的不是对现实的理解,而是无情的批判。所以,就这

---

① 《马克思恩格斯选集》第二卷,人民出版社,1995 年,第 1 页、第 2 页。

种认知旨趣而言，他们不可能、或不愿意承认现实是历史发展的产物，现实有着合理的一面，不愿意承认人是现实的产物，更不愿意承认自己也是这个愚昧现实的产物。独立于社会之外的抽象的理性个体这一形象更适合于启蒙思想家的这种认知旨趣。

因此，从一定意义上说，现代意识形态中抽象的理性个人这一形象折射着启蒙知识分子的自我意识。美国历史学家贝克尔指出，启蒙时期设想的抽象的理性人、一般人就是哲学家的自我理想，"他们已经按照自己的形象创造出了'一般人'，所以他们对他非常熟悉。他们本能地知道'一般人'天生善良，很容易被启蒙，天性是遵循理性和常识的"。①

正是因为这种文化无意识，抽象的理性人这一观念成为包括休谟在内的启蒙思想家思考问题时不自觉的前提，使这些思想家走不出这一思想陷阱，他们总是独立于社会之外，在个人理性中，在逻辑中，寻找道德和价值的合理基础。

2.1.3 物化意识：事实与价值分裂的本质原因

抽象的个人观是现代意识形态的核心观念，它是随着现代社会的物化结构产生的物化意识。在这种物化意识中，一方面是抽象的主体，另一方面是与之相对的按照自身规律运行的客体，这样，面对这一客体，任何超越它的企图都成为主观的价值、愿望。所以，物化意识是事实与价值分裂的本质原因。

随着西方资本主义的发展，当商品形式渗透到社会生活所有方面时，当它按照自己的形象改造社会生活的方方面面时，资本主义的商品关系就对社会的客观发展和人对社会的态度产生了决定性影响。在人们的心目中，由人创造出来的社会成了人们无法把握，按照自身规律运转的"物"，人与人的关系在人们面前转

---

① [美] 卡尔·贝克尔：《18世纪哲学家的天城》，三联书店，2001年，第99页。

变成了物的关系,人们无法改变它,只能顺应它。马克思把这种现象称为商品拜物教。"商品形式的秘密不过在于:商品形式在人们面前把人们本身劳动的社会性质反映成劳动产品本身物的性质,反映成这些物的天然的社会属性,从而把生产者同劳动的社会关系反映成存在与生产者之外的物与物之间的社会关系。由于这种转换,劳动产品成了商品,成了可感觉而又超感觉的物或社会的物。"[①] 卢卡奇把马克思的思想与韦伯的理性化思想结合起来将这种异化现象称为物化,对现代社会的物化结构以及与此相对应的物化意识进行了精彩分析。

在市场经济中,任何事物的价值不是以它自身的使用价值来衡量,不是以它自身的、独特的物质特性来衡量,而是以交换价值,通过货币以量化的、可计算的方式来衡量。事物独特的质的特征转化为量的特征。当商品关系扩展到整个社会的时候,事物质的区别都会转化为可计算的量的区别,整个世界都是可计算的。这样,事物量的特征掩盖了它质的特征,事物存在的物质基础在这种关系中消失了。

在这样的世界中,即使这种量化的关系也是处于偶然的联系中。这是由现代资本主义社会的微观和宏观的分工结构造成的。

在现代资本主义经济的市场竞争中,追求利益的最大化产生了合理化分工的需要。在一个工厂中,生产过程整合成为一个机械化的专门系统。劳动过程被抽象为合理的局部操作,劳动过程成了局部合理的系统组合。这些系统建立在量化的计算基础上,各个局部之间不是内在的、必然的联系,而是偶然的、外在的联系。失去了生产资料劳动者是作为分工的一个环节被组合进入这一生产体系的。这样,劳动者不单单失去了对生产资料的控制,同时也失去了对生产过程的控制,更失去了对生产结果的控制。

---

① 《马克思恩格斯选集》第二卷,人民出版社,1995年,第138页。

生产者作为一个独特个体消失了，他只成为这个过程的一个部件。生产者也成了一个可以量化、可以计算的东西。更重要的是，在此基础上整个社会机体之间的联系也显示出同样的特征，在局部上是合理的，但整个社会的联系是偶然的，非理性的。能够掌握控制局部的所有者，对于整个社会系统同样失去了控制。

例如，在传统社会的小农经济中，一个自给自足的农户，自己种植棉花，纺织棉布，做成衣服。这些活动都是在他们的控制之下，所以他们的活动是一个有机的构成。在现代社会，纺织生产这个过程扩大为一个社会分工合作的系统。农民种棉花，纺织厂商高效率地将其生产成棉布，服装厂商随之又高效率的制造出服装，然后销售商在市场上销售，消费者购买后穿在身上。但是，这种系统没有内在的、必然的联系。每一个环节只能控制自身，却无法控制其他环节。农民的棉花可能没人买，棉布卖不出去，但却有不少人没有衣服保暖。整个社会实际上是偶然的、非理性的联系中。

在这种现代社会结构中产生了其特有的物化意识。在现代社会，人们被空前地整合进这一社会系统，参与这一系统。但是，作为个人，人与整个劳动过程是割裂的，不能有机的融合进这一过程。他们面对这一庞大社会系统无能为力，只有顺从，而不能左右它，他们成为这一庞大社会系统的旁观者，成为孤立的原子。这样，在物化的社会结构中产生了一种直观心态，一种旁观者的心态。在这种心态中，社会分裂为两个部分，一方面是按自身规律运转的现代社会系统，另一方面是在这一系统之外直观的个人。所谓直观，就是把社会看作外在于人的既成的物。人们为了行为的成功，必须客观认识这一系统的规律，遵守这一规律。但是，越是这样，社会系统越是成为外在的物，而社会中的实践者就越会成为直观的旁观者。而且，在这一过程中，不管是直观的主体还是物化的客体都被抽象化了。"一切非理性内容的东西排除出去的企图就不仅是针对着客体的，而且也是日益针对着主体的。对直观的批判性解释越来越热衷于要把一切主观的和非理性的因素，一切拟人化的东西，干净彻底地从自己的态度中清除出去；要把认识的主体和人分开，并把认识者变为纯粹的即纯粹形式的主体。"①

在这种物化意识中，个体事物的物质基础消失了，作为整体社会的物质存在基础也消失了，实在成为非理性的。在人们的视野中，理性只是形式上，只能把握事物的量，把握事物之间偶然的联系。这种物化意识，深深地渗透到现代人的意识中。就社会科学而言，不管是实证主义、逻辑实证主义还是新康德主义，都把社会看作是非理性的实在，社会科学只能把握外在的、现象的、量的联系。这都是物化意识的表现。

在启蒙时期，人们从抽象的个人理性出发构建理性的千年王国，人类的美好未来似乎就在眼前。这一时期的理性个人观虽然具有不可克服的内在矛盾，但是，它充满了对人类理性的自信，洋溢着面对新世界的乐观精神。随着生产力的发展，资本主义生产力和生产关系内在矛盾的爆发，这种能动的、乐观的理性个人观念转化为物化的、直观的理性个人观念。一方面是在社会之外认识社会的抽象理性主体，另一方面是按照自身规律运转的社会。按照自身规律运转，也就是意味着这是一种自然规律，人类必须顺应的永恒规律。那么，由这种规律所主宰的社会秩序就成了永恒的自然秩序。这样，历史的进程在这里消失了，再没有真正的、新的社会形式出现了。人们只能从量化的、形式化的角度把握这个社会。作为社会的整体、社会的物质基础都成了理性无法把握的"物自体"，人们永远不能真正认识它们。由此，在人与社会之间的割裂产生了事实与价值的分裂。一边是个体的人的

---

① ［匈］卢卡奇：《历史与阶级意识》，商务印书馆，1996年，第200页。

主观愿望,也就是价值,另一边是受自身规律支配的世界,也就是事实。面对这样一个世界,任何关于人类未来目标的问题都失去了科学根据,都被理解为乌托邦、主观的愿望、抽象的价值。

所以,事实与价值的分裂最根本的原因在于现代社会结构产生的物化意识,它本身就是社会结构中的矛盾在思想领域的表现。事实与价值的分裂,不是人类理性的界限造成的,而是由对社会、历史人的特定理解造成的,是物化意识为人的理性划定的界限,而不是理性本身的界限。

2.2 价值中立原则与当代西方社会技术统治倾向

20世纪以来,为了克服自身生产与消费之间的结构性矛盾,资本主义国家开始参与经济行为,对市场进行调控,整个社会出现一种技术统治倾向。在这个过程中,社会科学开始体制化,新型科技知识分子逐渐代替传统知识分子。西方社会科学的价值中立原则正是在这个过程中产生的方法论规范和实践规范。它以事实与价值的分裂为理论基础,一方面,它把社会科学与思辨的、神秘的思想体系和主观愿望区分开,这标志着社会科学的发展与进步。另一方面,它又把合理的、科学的社会目标问题排除在科学之外。这样,价值中立原则所维护的社会科学客观性就被局限在工具理性的领域内。价值中立原则正体现了社会的政治经济结构赋予社会科学、新型科技知识分子的角色。在这个过程中,物化意识的界限转化为社会科学客观性的界限。

2.2.1 现代西方社会技术统治主义兴起与价值中立原则

由于资本主义社会化大生产和生产资料私人占有之间的内在矛盾,在19世纪末和20世纪初,整个西方处于危机与动荡之中。为了解决这一危机,资本主义出现了两个重大变化。一个变化是在资本主义企业内部技术创新制度化。在市场经济中，面对外部市场竞争的压力，企业必须追求最高的生产效率，而解决这一问题的最重要的手段就科技。同时，为了解决产品市场问题，资本主义不断以技术创新开发新能源、新设备、新产品来开拓新的市场。因此，在现代资本主义阶段，技术开发成为主动的、有计划的行为，工业研究、科学、技术的运用已经系统化。科技创新体制化成了资本主义生产方式维护自身的主要力量。

资本主义的另一个重大变化是国家职能的转变。在资本主义的早期，理想的国家被理解为市场秩序的"守夜人"，它只是为市场运行提供良好的、稳定的秩序，并不参与经济行为。但是，为了解除周期性经济危机、社会的贫富分化对社会的威胁，现代资本主义国家开始参与经济活动，对经济进行着调控，通过福利制度减轻社会冲突。在现代西方社会中，国家会提供巨大的购货清单，包括军队、军火、警察服务。国家还会提供力所能及的服务，如义务教育、公共设施。国家会通过价格、税收、货币和信贷来调控经济发展，控制某些行业，扶植另外一些行业，在国际上，国家以各种手段帮助企业开拓海外市场。"无论如何，市场体制决不是亚当·斯密所说的放任自由，同时也不是那种依赖于小政府的市场机制。在我们这个时代，市场体制是带有被管制的性质的，或者像旧式自由市场人所诋毁的那样，它是受到'干涉'的。"①

作为资本主义的上层建筑，资本主义国家自然是为资本积累体制服务的，任何改变只是为了维护和推动资本积累，而不会危及积累机制。因此，在国家职能的转变过程中，国家职能出现了一种非政治化特征。国家从根本上维护现存体制，而不是在新的

---

① ［美］林德布鲁姆：《市场体制的秘密》，江苏人民出版社，2002年，第7页。

科技力量提供的新的可能性的基础上超越现存体制，是从手段来解决社会中的各种问题，而不是从一个新的美好社会的目标来解决问题。

科学技术与经济体制的结合，国家对经济活动的大规模地介入和管理，这些变化必然对科技知识和科技人才产生巨大的需求。在这个过程中，西方大学的职能发生了巨大转变。在西方传统中，大学具有一定的独立性，被认为是与世俗无关的追求真理的场所。20世纪以来，随着各种政府基金、社会基金的介入，大学职能不可避免地转化为国家的工具。1963年，加利福尼亚大学校长克拉克·克尔发表的《大学的作用》一书，集中地反映了这一现实。他否认了为知识而知识，为科学而科学的倾向，认为"现代大学需要将它的努力与工业制度联合在一起，这种联合在一起是前所未有的。大学不但没有自主性，或脱离它的环境，相反，它现在注定要成为'一个具有国家目的的主要工具'。它的结构和课程经过调解，以满足现代化经济不断提高的要求。"[①] 随着社会的进程，西方大学对国家的依赖程度远远超过了克拉克·克尔所描述和设想的程度。美国学者卡尔·博格斯指出，"现实的高等教育正全面融入与资本主义利益有联系并为之服务的公司——国家网络中"。[②] 正因为西方大学制度完全融入了现代资本主义的权力结构中，所以，在这里所有理论派别的学术研究肯定受到资本的制约，符合权力的逻辑。社会科学的体制化及其扩展也是这一过程的组成部分。

与经济、政治和文化制度的转变相对应，二战以后，西方意

---

① ［美］卡尔·博格斯：《知识分子与现代性危机》，江苏人民出版社，2002年，第137页。

② ［美］卡尔·博格斯：《知识分子与现代性危机》，江苏人民出版社，2002年，第122页。

识形态领域也发生了新的变化，现代技术统治主义在思想领域产生了重要影响。现代技术统治主义①是以工业社会论和意识形态终结论为形式出现的。

R·阿隆、W·W·罗斯托、丹尼尔·贝尔是工业社会论的重要代表。20世纪50年代，R·阿隆提出了工业社会这一概念，产生了广泛影响，接着，丹尼尔·贝尔提出了后工业社会论。虽然名称不同，但他们采取了同样的理论假设。简单地说，工业社会就是一个科技与生产相结合的社会形态。在这个社会中，生产在社会中处于核心地位，而科技又在生产中起决定性作用。人们在生产中所发挥的功能、作用决定了他们在权力体系中的地位。

与工业社会论紧密相连的一个理论就是意识形态终结论。这里的意识形态实际上是指社会主义运动。所谓意识形态终结，就是说在当代社会人类已经没有了关于目标的冲突。不论资本主义，还是社会主义，它们都是大工业生产。二者或者用国家计划调配资源，或者用市场机制调配资源，本质上都是工业社会，只是对资源调配的形式不同。在工业社会中，随着生产的发展，财富的增加，所有的人都将从中受益，所以，现代工业社会中的社会冲突将消失或减轻。另外，工业社会论者认为，工业社会具有显著的经济化特征。丹尼尔·贝尔认为，"工业社会是经济化社会，那就是说，它们的活动以职能效率原则为中心，它所迫切需要的是'以少求多'，并选择更加'合理的'行动途径……在这方面意识形态就与此无关了，而是被表现为生产函数，资本与产

---

① 西方技术统治论认为应该由科学家管理社会。这一理论预设了经济和谐论，强调经济要素之间是协调的合作关系，这些要素最稀缺、最不可替代的要素得到的回报最大，执行这一功能的人就能够占据权力等级的顶端。在现代社会，技术是最稀缺的生产要素，因此，技术专家将成为主宰者。这种理论回避了生产资料的所有制，忽视了经济、政治中的特权结构，这种结构对生产要素的控制，以及由此导致的人们在社会中地位的不同。现代技术统治论是维护现存制度的意识形态。

量比，资本的边际效率，线性规划之类的'经济学'所取代"。①因此，在这些思想家看来，现代社会中社会目标的冲突已经消失了，人类面临的问题是如何发展技术、发展生产，创造更多的财富。

工业社会论和意识形态终结论实质上是一种历史终结论。不管工业社会论者自己如何理解，它们的理论实际上是说，现代西方社会已经达到了历史的最高点，再不会有新的社会形态出现了。西方国家的任务就是如何完善这一社会形态，如何运行、调节这一社会形态。在这里，一切关于社会目标的冲突都转化为手段的问题。现代技术统治主义实际上论证了现代资本主义国家非政治化的可能性、正当性，即目标的问题转化为手段的问题的可能性、正当性。

总之，在现代资本主义经济、政治和文化领域的转变中，西方社会中出现了极其强大的技术统治的倾向，这一倾向否认新的社会形态的可能性，总是力图把一切社会目标问题转化为手段问题，转化为既定社会形态中的技术问题。

社会科学的价值中立原则正体现了这一倾向。价值中立原则本质是一种技术性原则，相对于目标的手段原则。韦伯在"以学术为业"的著名讲演中明确地阐明了这一点，科学只能确定手段，而不能确定目标。当有了明确的目标时，科学可以提供实现目标的手段，或者，就现有的手段而言，可以确定在诸多目标中哪一个目标具有现实性、可能性。但是，科学无法确定目标本身的合理性。因为目标的问题属于价值问题，而科学属于事实的问题，二者之间没有逻辑关系。这样，社会科学就被限制在技术性和手段性的范围内。

---

① [美] 丹尼尔·贝尔：《后工业社会的来临》，商务印书馆，1984年，第87页。

从价值中立原则确立的历史过程来看,价值中立原则并不是理所当然的。社会科学的价值中立原则提出之时,并非登高一呼,应者云集。在德国,韦伯在与努力建立规范经济学的施穆勒进行辩论时,只得到少数人认同。他的"以学术为业"的讲演在德国思想界引发了巨大的争议,他的思想在美国也遭到了同样的命运。只是随着西方社会结构转变,资本主义国家需要在现存体制范围内调节社会体系,而价值中立原则正是适合了这种需要,才成为体制化社会科学的主流原则。

所以,从社会宏观结构来看,价值中立原则是体制化的社会科学的原则,它本质上是把社会科学非限制在国家调控社会的工具地位上。换句话说,价值中立原则是西方政治经济结构赋予社会科学的角色要求。

2.2.2 现代西方科技知识分子的兴起与价值中立原则

科学的性质决定了科学家不是先知,他没有权利为其他人提出合理的目标。科学家要把学者的身份与社会活动者的身份严格区分开。这是韦伯提出的社会科学研究者的价值中立原则。但是,韦伯自己没有意识到,他的这一思想,标志着西方知识分子的大转变,新型科技知识分子代替了传统知识分子。

西方传统知识分子往往远离世俗生活,远离阶级斗争,与大多数人的日常生活相脱离,他们与传统经济制度只有肤浅的联系,从事非技术性的文化工作。从生活上,他们依赖占统治地位的精英。但是,他们在意识形态领域,在维护普遍存在的阶级和权力关系方面起着决定作用。这些知识分子总是将自己置于各阶级之上,自认为是永恒真理的代言者,是跨时代的、共享的、历史信念和价值的化身。"从古希腊时代以来,知识分子在社会中的地位是决定性的,甚至是普罗米修斯似的。作为政治参与者,他们能系统地阐述意识形态和话语,促进大规模团体的形成,使大众的信仰体系合法化……知识分子在建立制定政治生活的规则和标准中起到了相当大的作用。……知识分子无论是理论上还是实践上都以局部斗争、政党、革命和国家的主要推动者的身份，站在重大的政治团体和政治事件的前列。"①

随着资本主义制度在西方兴起，西方传统知识分子转化成现代知识分子。在西方社会向现代社会转型的过程中，这些知识分子是意识形态的生产者和守护着。这些知识分子思考着宇宙的本质、社会的法则，他们以永恒的真理、正义的守护者自居，他们为这些理念而生，为这些理念而斗争。知识社会学家刘易斯·科塞称这些知识分子"为理念而生的人"②。不管是把自己理解为社会变革代理人的激进知识分子还是把自己理解为稳定和秩序的代表的保守知识分子，他们都具有强大的批判能力，具有在社会变革时期动员和组织社会力量的能力，都力图为社会历史提供正确的、合理的目标。

20世纪30年代，资本主义引进了有计划、有高度组织的经济制度，社会生活第一次围绕着生产和工作来展开。一方面，社会各个领域需要大规模的专业技术人才，另一方面，大公司及其基金会通过物质杠杆开始主宰文化生活和知识分子生活。一个新型知识分子阶层产生了，这一阶层包括科学家、技术人员、教授、经理和一些白领工人。二战以后，随着国家资本主义的进一步扩展，在国家官僚机构、大公司、军队、媒体和文化产业中，这些新型的技术专家凭借着科学、技术、财政、军事和通讯知识使国家资本主义平稳运行。新型的科技知识分子是随着国家资本主义对经济和社会生活的控制而产生的。他们已经完全融入现代社会的经济政治生活中，在这些领域中发挥着重要作用，并在这

---

① [美] 卡尔·博格斯：《知识分子与现代性危机》，江苏人民出版社，2002年，第1页。
② [美] 刘易斯·科塞：《理念人》，中央编译出版社，2001年，第2页。

些领域中获得巨大的利益。"新知识分子不再处于社会生产关系的边缘，……他们——作为技术人员、经理、专业人员、文化工作者和高级文职官员——开始在经济和政治中占据一个必不可少的位置。这样，现代知识分子在社会劳动分工内处处占据了统治地位。"①

这种新型知识分子的兴起被不同的学者从不同的角度观察和描述过。

英国哲学家艾耶尔曾经描述英国知识分子的转变。20 世纪 20 年代以前，学院中的知识分子是完全牧师式的人物，在那时，"即使比较纯粹的哲学分歧背后，通常也都存在着信仰与怀疑之间的分歧。"② 在这之后，他们转变为几乎完全世俗的人。"哲学家现在必须成为哲学家的哲学家，在他们的学术讨论中关心技术性问题，几乎没有党派政治活动的余地，就像在法庭上一样。"③ 30 年代，英国数学家哈代（Hardy）曾经困惑地谈到知识分子的含义，知识分子"似乎有了一个新的定义，在新的定义中当然不包括卢瑟福、爱丁顿、狄拉克、艾德里安和我了。"④ 英国思想家查·帕·斯诺将这种科学家和人文知识分子的分裂概括为两种文化。实质上，这是随着西方国家对经济与社会的大规模管理而造成的知识分子的大转变，知识分子越发技术化、专业化。

美国学者加尔布雷斯是一位影响广泛的经济学家，又进入过美国总统肯尼迪的智囊团，是一位见多识广的学者，他对科技知

---

① ［美］卡尔·博格斯：《知识分子与现代性危机》，江苏人民出版社，2002，第 92 页。
② ［英］艾耶尔编《哲学中的变革》，上海译文出版社 1985 年，第 2 页。
③ ［英］艾耶尔编《哲学中的变革》，上海译文出版社 1985 年，第 2 页。
④ ［英］查·帕·斯诺：《对科学的傲慢与尊严》，四川人民出版社，1987 年，第 8 页。

识分子在西方社会中的地位有过惊人的论述。他的著作《新工业国》(The New Industrial State) 和《经济学与公共目标》的重要主题就是认为,二战以后的美国已经成为一个新型的工业国家。在这个国家中,技术专家已经成为实际的统治者。加尔布雷斯认为,随着巨型公司的出现,经济社会本身的性质发生了根本的变化,市场系统转变为计划系统。"就规模较小、比较单纯的企业来说,权力系来自资本的所有权——生产资料的所有权。就巨大的和组织性强的商号来说权力已经转移到组织本身——转移到公司的专家组合。"①

这一切是如何发挥的呢?加尔布雷斯认为引起变化的决定性因素是技术和组织。现代经济的主要特征是系统的专业知识在生产中的广泛应用,并且由此产生了规模巨大的公司。现代社会的专业化不可避免地产生组织,由多人的专业的知识来代替单个人的知识。这样,权力从单个的股东转移到专家组织。所以,在经济领域,权力也就从资本家手中转移到今天的技术专家组合中。不仅如此,加尔布雷斯进一步认为,专家组合在幕后已经操纵了政治领域和社会生活。由于产品及其制作越来越富于技术性,投资资本越来越大,商品生产周期越来越长,组织变得越来越巨大和复杂。在这种情况下,巨型公司必须控制它所进行活动的社会环境,或者是控制要侵犯它利益的任何方面。专家组合通过增加工资控制住了工会和工人,通过广告控制了消费者的需求,通过公司与政府的合作控制了政府官员。通过这些手段,专家组合成了社会的实际操纵者。

加尔布雷斯所描述的这个新工业国实际上是二战之后出现的国家资本主义。他的风格有点故作惊人之嫌,但是,他的观点却可以充分说明,公司、国家、政党、军队、文化产业以及教育等

---

① [美]加尔布雷斯,《经济学与公共目标》,商务印书馆,1980年,第46页。

等这些现代社会的机构对现代科学技术的依赖程度，充分说明技术知识分子不仅在生产领域，而且在公共生活的其他方面占据的主导地位。现代科技知识分子在现代西方社会的现存体制中融入之深，获利之大，使他们已经成为现存制度的既得利益者。他们是国家资本主义的秩序参与者，得益于现存体制，并随着现存体制扩展而增加自己的力量和利益。他们也在进行实践活动，但是这种活动局限在现存体制中，是现存体制中的工具。他们不可能背离自身的既得利益去参与可能的、新的社会秩序的构建。在晚期资本主义社会中，科技知识分子的地位上升了，但是他们主导历史进程的能力下降了，他们的批判能力正在消失。

在韦伯的强调学者要为科学而科学，为知识而知识的时候，人们还能感觉到远离社会生活，守护真理的传统知识分子的影子。但是，当代的价值中立原则，已经成为了现代科技知识分子的行为原则。现代科技知识分子是在既存体制之内进行实践活动的，换句话说，他们只是现存体制的工具，他们的活动不会超越既存的体制，而是局限于既存体制之中。因此，表面看来，他们的活动不涉及意识形态，只是从事技术性、功能性的活动。但是，由于这种技术性活动本身就是以认同现有体制为基础的，所以，现代知识分子技术活动本身就执行着维护现存体制的意识形态功能。这种技术行为是以客观性、中立性和独立的科学为基础的，在这一过程中，社会中的物质利益和权力结构消失了，现存体制显现为合理的和正当的。

西方知识分子在20世纪的大转变过程中，融入现存体制的技术专家获得了主导地位，而传统的知识分子虽然存在，但已经成为少数，不断地走向边缘。知识分子的工具性功能越来越强大，批判性功能就越来越弱小，它主导历史前进的能力削弱了。它越来越安心于现存秩序，越来越漠视新的社会的可能性。合理的社会目标问题逐渐地被排除在他们的视野之外。可以说，作为社会科学研究者的行为规范,价值中立原则正是体现着现代西方科技知识分子的工具性地位,也维护着其自身的利益。

2.3 价值中立原则中的技术旨趣

随着西方社会结构转变而兴起的技术统治主义本质上是一种物化意识。这种物化意识渗透到社会科学中,形成了与西方现代社会经济、政治结构相适应的实证主义社会科学。这种实证主义以价值中立为原则,以"技术"为旨趣,这标志着物化意识向西方社会的深层结构的进一步扩展。

2.3.1 技术统治主义中的物化意识

前面讨论过,二战以后,随着国家资本主义的发展,西方思想领域出现了技术统治主义,具体表现为工业社会论和意识形态终结论。这一思潮认为人类的历史在晚期发达工业社会已经终结,各种冲突即将消失,以美国为代表的高消费社会是社会发展的最高阶段,所有的国家面临的任务就是尽快地实现这一目标。

这些思想都是与西方社会结构相对应的物化意识。这一思潮只不过表达了这样一种思想,人类已经没有了目标的冲突,也不会有新的社会目标出现了。这就意味着,现在西方社会的结构、秩序将是永恒的,这一社会规律将成为支配社会秩序的永恒规律。这一规律只能遵守,不能改变。对于国家来说,国家执行的是非政治化的技术性职能,人们的任务就是通过认识这一规律,从技术、手段的角度考虑如何不断地维护这一秩序,扩展这一秩序。

与技术统治主义的乐观主义相反,批判理论思想家马尔库塞对这种现象持批判态度。他认为,以价值中立为原则的技术理性已经统治了社会,人们只是沉溺于现存的秩序中,追求最大的物质享受。这种思想是单向度的思想,这种社会是单向度的社会,人们看不到自身的解放潜力,这不是历史终结,而是现代社会的危机。在晚期资本主义社会中,对于个人来说,就是利用各种科学规律,实现自己的愿望、利益。而这种愿望,只要不危害他人就可以,并不存在哪个好哪个不好的问题,这里并不存在合理的、客观的标准。在西方社会中,一方面在国家、军队、企业中工具性的科学知识不断扩展;另一方面,在行动的目标上,个人主义的非理性也在扩展。在思想领域,坚持价值中立的实证主义与存在主义的非理性相互对立。这种思想领域的危机本质上是物化意识在现代西方社会新的表现形式,德国哲学家阿佩尔就深刻地指出这一点,"价值中立的科学客观主义与有关宗教信仰行为和伦理决断的生存论主观主义之间的互补性,无非是那种政教分离的背景关系中形成的公共生活领域和私人生活领域之间的分离在当代哲学和意识形态中的体现。"①

在对晚期资本主义的批判中,哈贝马斯从他的交往理性理论出发,对现代西方技术统治倾向的物化本质进行了独特分析,颇具启发意义。哈贝马斯实际上对社会持一种建构主义立场,认为人类社会是有意义的建构。他把社会的合理化理解为一个学习进程。这个学习的进程可以分为两个方面:一方面是面对自然的学习过程,也就是在劳动领域的理性化过程,这是技术的领域,即追求控制自然、追求最佳手段的工具理性活动领域。另一方面是人与人之间的学习过程,通过主体间的自由讨论达到相互理解,形成对社会和人的共同理解。这是一个交往理性的领域,一个实践的领域,即追求人的解放的领域。从二者关系而言,后者是社会进步的领路者。从劳动领域产生了社会的功能性系统,这一领域的发展是一个工具理性化的过程,表现为科学和技术的发展,人们追求最佳手段和策略。从交往领域产生了生活世界,为人们的交往互动提供价值观、约定俗成的符号,通过它人可以理解他

---

① [德]阿佩尔:《哲学的改造》,上海译文出版社,1997年,第269页。

人，理解社会。这一领域的发展是一个交往理性化的过程，它就体现在人作为主体与其他主体自由地不受压抑地讨论这一交往形式本身中。每一个成员都是作为平等的一员参与讨论，通过自由的、非压抑性的交往活动，达成合理的社会目标、价值和生活方式，使生活世界中的一些理所当然的价值观念甚至意识形态不断得到澄清，不断合理化。这是两个不同的领域，有着不同的逻辑。劳动领域的工具理性化为人类解放提供了必要条件，但是，把人类从不公正的社会关系中解放出来则要依赖于生活世界的理性化，它才是人类进步的标志。只有通过这种对人类社会新的理解，才能把劳动领域科技的解放力量释放出来。

哈贝马斯认为，晚期资本主义技术统治的实质就在于"生活世界的殖民化"。二战以后，整个社会围绕着经济领域运转。市场机制通过金钱、国家机构透过行政框架操纵了原本属于私人领域和公共领域的非市场的和非商品化的活动领域。随着劳动这一社会子系统扩展到整个社会，这一领域中的工具理性极度膨胀，进入交往领域并扭曲了交往领域。人与人的自由交往成为被操纵的过程，从而，人类关于新的生活方式、新的社会目标的追求受到了压制，扭曲了人们对人类自身解放潜力。哈贝马斯将这一过程称为"生活世界的殖民化"。因此，西方社会面临的一个重要任务就是发展交往理性，重建被扭曲的交往领域，解放生活世界。

从这一视角看，晚期资本主义的技术统治倾向本质上是西方社会进一步物化的过程，技术统治主义本质上是物化意识的新的表现。现代技术统治主义宣扬国家非政治化，把政治问题转化为技术问题，强调工业社会的不存在目标的问题，而是如何提高生产的问题。这实际上是要把整个社会作为一个既定的功能系统并按照这一系统的内在逻辑进行调控。在这种要求中，生活世界作为人类社会的一个重要维度被忽视了。从哈贝马斯的思想框架来看，功能系统的内在逻辑并不是自足的，它依赖于生活世界中对社会的理解和对人的理解。晚期资本主义的社会功能结构是建立在特定历史阶段人类的自我理解之上的。当生活世界被忽视时，功能系统便成为受自身规律支配的物，成为不能超越只能顺应的物化系统，人与人的社会关系也随之被物化了。

晚期资本主义同时又是一个物化意识向社会全面扩展的过程。整个社会围绕着劳动领域展开，金钱和权力对社会的控制标志着工具理性在社会机体中的全面扩展。劳动领域中的工具理性是追求对自然的控制，但是，在晚期资本主义，这种控制扩展到整个社会，变成了对整个社会、对人的控制。晚期资本主义还是解放潜力被压抑的过程。现代科技的发展，为人类的解放提供了新的可能，但是，市场中的经济力量、国家中的行政力量压抑、扭曲了公共领域的交往活动，消除了公众在公共领域对社会目标、政治目标的自由讨论，放弃对一个可能的、新的生活方式的自由探讨，压抑着新的社会意识、新的美好生活观念的产生，从而压抑了科技的解放力量。关于人类的任何设想都成为空想，人们只是在既定的社会框架中，遵循着既定的社会规律，实现自己的目标。但是，在这个过程，人们在自己的活动中又不断地把不合理的私有生产制度、政治制度以及与之相联系的特权制度再生产出来。

哈贝马斯的思想不适当地夸大了交往领域的作用，把它作为引导性力量，从而夸大了观念的力量。尽管如此，作为一种对晚期资本主义社会结构的批判，哈贝马斯的思想依然是深刻的。

2.3.2 物化意识在学术领域的扩展

在晚期资本主义社会，当整个社会作为一个既成的功能体系被调控时，与这一社会结构相对应的社会科学必然被这种力量所塑造。西方现代社会科学的实证主义主流传统正是这样一种社会科学，这一传统强调微观研究，追求数量化，不涉及社会实践。

人们可以争辩说，（逻辑）实证主义社会科学的确立是因为它的新的哲学思想，而不是外在的社会原因，否则，就忽视了思想发展的内在逻辑。

但是，在现代西方社会中，"现代大学是国家—公司教育管理的所在地，它管理和控制了知识的生产。几乎所有形式的学术成就都充满了与高度理性化相一致的实证主义世界观。"[1] 也就是说，经济政治中的工具理性因素，已经渗透到社会科学研究的当中，并转化为研究中的规范。我们可以从内部和外部两个因素来看这个过程。

从内部因素看，科学已经不是当初爱好者的个人活动，而是科层化、体制化的活动，是由国家控制的社会体系的一个组成部分，它表现为分工和专业化。这种科层制特征推动了实证化的研究。这种体制既强调原创性又强调客观性。原创性是强调后继者不断讲出新内容，而客观性是追求知识的可靠性。为了应对这种体制化要求，学者们最好的办法就是把课题的范围切分的越来越小，集中于数据和资料分析。这样，集中于小范围的数量分析更容易得出新观点。同时，越是定量的数据，越是容易重复，越具有可靠性。当然，如果这种数据材料是即时的，它就更容易出新观点，更具有可靠性。在这种推动下，社会研究更多地集中于当下，集中于小范围的经验研究。在这个过程中，社会的整体，社会的历史，社会实质性的特征被忽略了。

从外部原因看，商业和政府对科学研究的主宰作用推动了研究的实证化，他们要求的特性加强了社会研究者的实证主义倾向。"此类研究花费昂贵，他们不得不考虑提供经费的利益集团

---

[1] [美]卡尔·博格斯：《知识分子与现代性危机》，江苏人民出版社，2002年，第138页。

所关心的问题，而且，这些利益集团作为总体，其问题又非常零散。"① 因此，金钱的问题和时间的问题就成为社会研究中不得不加以考虑的问题。为了获得研究经费和高效率地得出研究结果，研究活动要求研究者必须分工合作，研究就有了集体性、系统性特征。从外在的要求来说，"行政官员常常需要了解具体的细节性事实及其相互关系，而这往往也是他所需要或想了解的全部东西"，② 因此，社会科学中的研究具有量化、形式化的特征，经验材料只是局限于大量可重复的、可度量的统计性的事实和材料，理论只不过是解释统计结果的变量。在研究方法上，产生了实证主义程式化的研究过程，先抽样挑选访谈对象获得数据，对数据进行标准分类，再找出变量之间的关系进行统计，从而获得事实和结果。这是一种"不必顾及实际问题就可以用于研究的方法"③。

所以，正是由于这些原因，社会科学研究内容出现了实证化、细小化、形式化的趋势。

以科学化程度最高的西方经济学为例。

西方主流经济学变得越来越"现实"，已经从宏大的理论问题转向细小的应用问题，理论内容越来越精细化，形式化。在1991美国经济学会发起组织的经济学研究生教育委员会的一份报告中，一个观点被反复提及，"在研究生院所教授的经济学越

---

① ［美］C·赖特·米尔斯：《社会学的想象力》，三联书店，2001年，第69页。
② ［美］C·赖特·米尔斯：《社会学的想象力》，三联书店，2001年，第111页。
③ ［美］C·赖特·米尔斯：《社会学的想象力》，三联书店，2001年，第69页。

来越被正规技术分析占优势地位，而排除了历史和制度的理解"[1] 英国经济学家帕萨·达斯古普塔指出，经济学家们更愿意探讨某一现象的微观基础，如"富人们是否愿意在环境改善上投资；某一地区工资的形式与其他地区的区别，为什么现金支付的福利形式比其他形式更有效，为什么一些企业纵向一体化而另外一些企业没有，最低工资保障是否会使某些行业就业律的下降，贫穷国家的妇女教育程度与生育律的关系。"[2] 而像资本主义的发展规律和跨国公司的未来之类宏观问题被学者们冷落。帕萨·达斯古普塔认为，"只有当他们认为有可能产生成果时，现代经济学家才会去研究某个重要问题。"[3] 或者说，经济学家也是一个社会现实中的人，需要通过学术成就提高生活水平，获得社会地位。面对国家资金项目、基金会和学术体制的晋升制度，研究者只有快速得出研究成果，才能继续获得资助，得到升迁。细小化的、便于形式化的课题受到青睐也就不足为怪了。马克思穷毕生精力研究资本主义的本质和规律和未来趋势，生前只完成了第一卷，留下了大量手稿。而且，如果没有朋友的资助，马克思甚至无法生存。像马克思这样的研究题目和研究方式，对于体制内的研究者，无异于自杀。

所以，排斥对社会的宏观整体研究，关注微观的现代实证主义盛行，与其说是产生于人类理性的认识能力性质，不如说是产生于现代西方学术体制的要求。

这种形式化的实证主义研究过程本身就假定了他们所服务的

---

[1] ［荷兰］乌斯卡里·迈凯编：《经济学中的事实与虚构——模型、实在论与社会建构》，世纪出版集团，上海人民出版社，2006年，第42页。
[2] ［荷兰］乌斯卡里·迈凯编：《经济学中的事实与虚构——模型、实在论与社会建构》，世纪出版集团，上海人民出版社，2006年，第70页。
[3] ［荷兰］乌斯卡里·迈凯编：《经济学中的事实与虚构——模型、实在论与社会建构》，世纪出版集团，上海人民出版社，2006年，第87页。

对象的观点和出发点是正确的,把自己置于工具性的地位,而对社会的实质性问题漠然视之。这种研究机构,同时也是培训机构,不断地培训出适合自己研究特征能的研究人员。在这个过程中,这种量化、形式化的研究,成为科学的规范,获得了科学的必要形式。"抽象经验主义的研究方式,它维持的方法论压制力,它所关注的实用性,它的研究组织所倾向的与选择和训练的心智品质,……这种科层制风格及其在制度上体现的是当代社会的主导趋势和它的独特思想类型相一致的"①。

韦伯所设想的为科学而科学的价值中立原则,从一定意义上说,还保存着西方传统大学的相对独立性特征,学者高居于社会之上,远离人间烟火,为真理而真理。而当代的价值中立原则,仍然保留着为科学而科学的形式,但是,由于大学已经成为了权力和金钱的工具,这一原则实际上变成了维护科学的工具地位的原则。坚持价值中立的实证主义社会科学不管在理论上还是实践上都存在着巨大问题。它之所以在现代西方社会占据主流位置,不是因为它最合理、最科学,而是它最适合社会的需要。

2.3.3 实证主义社会科学中的"技术"旨趣

社会科学中的实证主义是随着对社会的大规模控制的需要产生的,并成为了主流传统。这一传统强调科学的统一性,任何学科要成为科学,必须应用自然科学的方法,任何不能被经验证实的理论都是非科学的。它坚持价值中立,一切社会目标的问题都是价值问题,都是主观的情感、愿望。在实证主义的基本思想中,包含着物化意识和技术旨趣。

随着商品经济渗透到社会的一切领域,社会成为物化结构,人的思想成为物化意识。这种意识表现在对理性理解的局限性

---

① [美] 卡尔·博格斯:《知识分子与现代性危机》,江苏人民出版社,2002年,第115页。

上，理性只是从量上去把握事物，作为具体事物的物质存在基础在理性视野中消失了，理性只能把握社会局部之间的外在的、量的联系，社会作为整体在理性视野中消失了。社会的整体与其存在基础成为"自在之物"。这一问题成为困扰近现代哲学的难题。而实证主义干脆否定了事物的存在基础、整体等问题，把这些作为形而上学，作为人类理智不发达的产物。科学只是从局部，从量的关系中把握社会，并把这一过程理解为真正科学化的过程。可以说，实证主义陷于物化意识而不觉。

实证主义坚决否认科学的价值前提，但是，现在人们已经认识到，任何科学都是有前提的，控制需要这一"技术"旨趣就是实证主义社会科学的价值前提。

科学要归纳出普遍的规律。这种规律是解释和预测相统一的。X 引起 Y 是一个因果规律的表达公式。这是对现象的解释。这种解释也可以转化为预测，如果 X 发生，Y 就会发生，反之，如果 X 不发生，Y 必然不发生。这种逻辑模式意味着，在这种解释中，如果事件的初始条件的充足性和必然性是普遍的，那么，我们就可以凭借解释中提供的知识在事件实际发生前进行预测。同时，这一过程必须具有公共性，也就是经验意义具有可证实性。对科学事实的陈述必须可以转化为经验陈述。从现代科学的实际情况来看，科学往往来自于可操控的实验。这种可操控性意味着它的结果可以迅速在工业中应用。解释与预测相统一的特征，实际是意味着，在实证主义科学中，规律必须能够转化为技术指令，即如果 X 那么 Y，规律被转换为手段——目的关系的技术准则。而科学的实证原则，实际上意味着，如果事实如此这般地操作，我们就会得到如此这般的结果。这样，科学的合理性只是局限在对有效手段——工具联系的发现和对这些联系的"公开"确定的种种方法上。"任何科学的理论其实只是陈述大量下述形式的事实的'经济'方式：如果你实施如此这般的行为，你将有如此这般的经验。……所有的事实最终都是工具性的。"①因此，正如哈贝马斯所指出的"经验科学理论的主要兴趣是使可有效加以控制的活动有可能从信息上得到维护和扩大，并以这种兴趣来揭示现实。这就是对技术上掌握对象化过程的认识兴趣。"②

这种"技术"旨趣是与现代国家对社会的控制需要相联系的。作为西方主流社会科学的价值前提，"技术"旨趣与资本主义国家的联系有很长的历史，它与资本主义的社会工程有着深刻的历史联系。从哲学思想上说，实证主义源于英国经验主义，但是，真正在社会科学领域发挥影响时是在法国。法国启蒙思想家孔多塞早在法国大革命时就提出了社会科学的概念，并用它代替道德科学的传统概念。以自然科学的模式对社会科学进行体制化成为当时经济学家杜尔哥（Turgot）国家改革政策的一个部分。这个过程也是为了满足统治者进行社会工程，以技术的方式构建资本主义的世界秩序的需要。这一传统经过圣西门被孔德所继承。相对于以前的经验主义，孔德更强调科学知识的有用性，可预测性，这成为社会科学中实证主义的核心观念。

从孔多塞以来的实证主义，都保持乐观主义的态度，并一直保持到西方现代社会科学的主流传统中。但是，这种传统的核心就是确信理性推动人类进步。人类的苦难源于无知、愚昧和迷信对理性的蒙蔽，随着理性之光普照世界，人类将进入至福的千年王国。但是这种观点假定了一种静止的理性观念。理性被理解为自从世界创造以来就一直存在着，稳定而永久的东西，是一种在

---

① ［美］希拉里·普特南：《理性、真理与历史》，上海译文出版社，1997年，第192页。
② ［德］哈贝马斯：《作为意识形态的科学与技术》，学林出版社，1999年，第127页。

第 2 章 价值中立原则的知识社会学考量

历史变化和一切人类活动进程之下不变的决定力量。当这种理性力量展现的越来越充分时，人类的生活就会变得越来越美好，直到走进千年王国的乌托邦，而科学就是理性的体现。这种思想中隐含着历史终结的观念和对理性的工具性理解。在启蒙时期，这一思想无疑具有巨大的批判意义。但是，对现代社会而言，它就转变成了把既存的体制永恒化，并把人类的理性行为局限在工具理性的倾向。

第3章　价值中立与社会科学的客观性

价值中立原则坚持社会科学只能解决手段问题，不能解决社会实践的目标问题。社会科学的对象是事实，是实然，社会目标属于价值领域，是应然，二者要严格区分。这一原则限定了社会科学的实践范围。但是，人类社会是一个不断发展的过程，每一个事实都是前一个事物发展的结果，又为新的发展提供了条件。事实是一个过程的中介，在其中蕴含着未来的发展方向。社会科学的任务并不仅仅要描述事实，更要发现和指出这种未来的发展方向。价值中立原则把社会目标问题等同于价值问题，等同于主观愿望，本质上否定了事实中蕴含的未来指向。从认识的过程来说，价值中立原则就是坚持事实至上，对其进行如其所是的描述，对事实持非批判的态度。

这种非批判的态度在实证主义中表现得最为极端，它把世界理解为事实的集合体，坚持对事实如其所是地进行描述，进而把社会历史进程物化，社会规律自然化、神秘化。新康德主义坚持建构主义，承认认识的价值前提在事实呈现过程中的作用，但在事实呈现之后，事实就成为不可触动的。同时，建构主义否认存在合理的、统一的价值前提，从而导致多元论和相对主义。在坚持对事实非批判的态度下，社会实在变成了"自在之物"，历史维度在社会科学中消失了。社会科学无法揭示社会的历史进程，历史发展的方向，合乎历史规律的社会目标也被理解为非理性的主观愿望，社会科学的客观性只能局限在物化的社会形象中。

3.1 实证主义与社会科学的客观性问题

3.1.1 事实与事实的至上性

价值中立原则坚持事实至上,对事实持一种非批判的态度,必须如其所是地描述事实,并以此作为科学的起点。事实的至上性是实证主义,以及其前身经验主义和后来的逻辑实证主义的共同特征。

事实是一个在日常生活中和科学研究中经常出现的概念,它的具体含义模糊不清,要找出一个共同的定义很困难,这里只是就这个论题来定义事实的概念。彭漪涟先生通过对罗素、维特根斯坦、金岳霖先生的哲学著作的比较研究,提出"事实是呈现于感官之前的现象,它为概念所接受(即为概念所摹写)并由主体作出的判断而被发现和确定"。[①] 这个定义是非常准确的。但是,也要看到,这个定义也是参照逻辑实证主义之后的一些哲学思想所下的定义。就实证主义本身的事实定义来说,与此并不完全相同。从思想的发展来说,英国的经验主义是在意识哲学的范围内讨论认识问题的,知识的来源是由外部事物刺激人的感觉产生的经验。在这一阶段,事实就是感觉经验,外部事物在感觉中的呈现。在逻辑实证主义阶段,它的重心转移到意义问题和语言问题上,事实的含义是命题中所陈述事物的实际状况。

在实证主义的发展中,事实的至上性有不同的历史表现形式。在经验论中,事实的至上性就是认为感觉经验是一切知识的来源。以洛克为代表的英国经验论认为,人类的心灵是一块白板,人类所有的知识都来源于经验,建立在经验基础之上。由经验形成了简单观念,简单观念组合成复杂观念。因此,知识就是观念的连接。

[①] 彭漪涟:《事实论》,上海社会科学出版社,1996年,第70页。

经验主义讨论的是知识的问题,而孔德的实证主义探讨的焦点是科学的知识问题,实证主义从经验主义认识论转向科学研究的方法论。孔德把科学看作人类理智发展的最高标志。随着人类理智的发展,人类经历了神学和军事时代、形而上学和法学家时代和即将到来的一个科学与实证的时代。在这个时代,在世俗领域,工业生产开始占优势。在思想领域,一切理论观点均成为或者即将成为实证科学。实证科学就是真实的、有用的、肯定的、精确的知识,它不像神学和形而上学那样是想象的产物,追求神或是现象后面宇宙最终的原因、本质的知识。它必须建立在经验事实的基础上,归纳出事实间的恒定的关系,并由此增加人的预测能力和控制能力。孔德通过历史哲学证明了科学的至上性和事实的至上性。在孔德的哲学中思想中,事实等同于真实,一切超越事实的事物,如本质、实体等概念都被等同于想象的产物,等同于心智不成熟的产物。随后,马赫的"要素说"又将实证主义推进了一步。马赫所说的要素就是感觉。当要素(颜色、温度、空间)与我们的感觉器官相联系时就是感觉,而当寻求这些要素的根源时,它们就组成物理对象。事物就是要素的组合。在这种思想中,事实,也就是认识主体感觉经验中的具体内容与主体的认知相分离,并且实体化。对外界事物的认识成为事实和事实间联系的组合、排列、归纳。在此,世界成为了事实的总和。在这样的世界中,与现象相对的本质,与存在相对立的假象、与客体相对的主体都消失了。或者说,事实就等于存在了。因此,哈贝马斯指出,"马赫的要素说试图把世界说成是事实的总和,同时又把事实说成是现实的本质。"[①]

逻辑实证主义从语义学和语型学再次重复着这一核心思想。对逻辑实证主义产生巨大影响的哲学家维特根斯坦在《逻辑哲

---

① [德]哈贝马斯:《认识与兴趣》,学林出版社,1999年,第79页。

学论》的开篇言道,"1 世界是一切发生的事情。1.1 世界是事实的总体,而不是事物的总体。"这里的事实是指事态,也就是经验中的事物的性质,事物之间的关系。从语言表达上说,只有它们才能成为命题。事态也称为原子事实。逻辑实证主义是以逻辑原子主义为出发点,把单个的语句视为语言分析的基本单位来分析句子的意义。它坚持语言图像说,一个句子就是陈述某一事物的某种状态,也就是与原子事实相对应的原子命题。所谓真就是句子表达的内容与所描述的对象一致。而句子表达的内容没有相应的可验证的经验对象时,这个句子就是无意义的。依据逻辑运算,从原子命题可以建构出分子命题,而分子命题的真值就依赖于原子事实的真值。世界与命题是同构的。原子事实是认识的起点,事实是句子真值的标准。在逻辑实证主义认为,有意义的陈述要依靠具有主体性的物理语言,物理语言能够将陈述转化为对感觉的陈述。可以说,逻辑实证主义对事实的至上性的推崇达到了巅峰。

实证主义对社会科学发生了重要影响,成为西方社会科学的主流传统。从孔德开始,实证主义都追求统一科学的理想,力求把自然科学的方法应用于社会科学。孔德把社会科学称为社会物理学,是研究一般社会法则的科学,它是价值中立的、解释的和描述的。斯宾塞则将生物学引入社会学。创立了功能进化社会学。通过社会功能解释社会结构,而功能调整引起社会变迁。迪尔凯姆与斯宾塞一起奠定了现代经验社会学和功能理论的基础。迪尔凯姆认为社会学是研究社会事实的、写实的、归纳的科学。"要把社会事实作为物来考察"[1],这些社会事实能从外部给个人予以约束,如规章、制度和风俗。社会科学家通过确立现象的因果联系形成社会科学。在迪尔凯姆和斯宾塞的思想基础上产生了

---

[1] [法]迪尔凯姆,《社会学方法的准则》,商务印书馆,1995年,第33页。

两类实证主义社会学,一类把社会作为整体结构,通过它的社会功能来进行研究,帕森斯是结构功能主义的代表。另一类把社会事实分解为现象,并通过案例进行研究。这种社会研究深受逻辑实证主义影响。它强调量化的数据和准确的工具化的理论。理论术语必须可以转译为经验的、可观察的经验术语。社会科学大力应用统计学,以此来检验假说。社会科学研究的只是陈述变量之间的相关性,不再追求寻找社会现象的原因。理论是解释变量间相关性的模型,只要它能有效地解释各种经验材料,有效地预测就可以了。这种社会研究在本质上是分析的、经验的。它们针对的是社会经济、政治和文化的具体问题,如电视收视率与性别、居住地、文化水平的相关性,哪些因素影响收视率,电视主持人能控制哪些因素,改变哪些因素等等,而这些又要经过大量的访问或经验调查。法国著名社会学家雷蒙·阿隆指出,这种社会科学"自1945年以来曾经对欧洲和所有非共产主义国家的社会学研究和发展起过主导性的影响。"[1]

随着科学哲学中整体论的转向,实证主义开始衰落,但是,在实际的研究中,实证主义所坚持的事实的至上性,仍然占有主流地位。

3.1.2 事实的至上性与失去"存在"基础的客观性

虽然实证主义在社会科学中占有主流地位,但是,它面临着巨大的理论困境。换句话说,坚持事实的至上性,对事实坚持中立的、非批判的态度,就不可能真正获得社会科学的客观性。之所以这样,最根本的原因在于,"存在"从科学客观性的视野中消失了。

由于实证主义坚持统一科学的理想,自然科学的问题与社会科学是相同的,在这里,先一般讨论科学的问题,进而再讨论社

---

[1] [法]雷蒙·阿隆:《社会学主要思潮》,华夏出版社,2001年,第2页。

会科学中的"存在"的问题。

实证主义坚持的事实的至上性与科学的客观性之间一直存在矛盾,这就是因果关系的普遍性与客观性的问题。这一问题从早期的经验主义到现代逻辑实证主义都无法解决。这一矛盾由休谟的怀疑论以极端的形式揭示了出来,暴露了经验主义、实证主义以及后来的逻辑实证主义的非理性特征。

休谟把人的认识统称为知觉,知觉分为两类,一类是印象,它是即时的生动活泼的感觉。它或者来自外在的感觉,或者来自内在的反省。另一类是观念,是印象暗淡的摹本。简单印象按照不同的方式组合成复杂印象,与此对应,简单观念组合成复杂观念。因此,一切观念都来源于感觉。但是,休谟认为,人只能认知自己的感觉,感觉之外是不可说的。这也就是休谟著名的怀疑论。

根据这种怀疑论,休谟对科学的基础,因果必然性这一观念展开了质疑。

因果联系是指事物间必然的、普遍的联系。必然性是指必定如此,普遍性是指不论何时何地都是如此。当我们说 A 是 B 的原因,就是说,当 A 出现时 B 一定会出现。这是一切科学大厦的基础。但是,休谟认为,我们无法超出经验去认识事物。从感觉经验出发,我们只能经验到事物之间的联系,只是看到一个现象发生,另一个现象接着发生。如太阳升起,冰雪融化。但是,我们经验的只是现象的前后相继,但是,我们却经验不到"必然"。"必然"的观念没有经验基础。我们也不能从前一个现象中逻辑的推论出后一个现象。同时,所有的经验都是特殊的,我们不能穷尽所有的现象,我们只能经验到特殊条件下观察到的现象的前后相继,对于我们未经验到的,还有在未来发生的现象,我们没有任何经验,我们经验不到"普遍"。"普遍性"没有经验基础。我们不能超越经验,在现象后面找到因果的物质基础。

因此，休谟认为，原因和结果就是两个连续依次出现的现象，它们在人们的经验中经常出现，由此在人们的心中形成了一种习惯性推论。当看到前一个现象时，自然联想到后一个现象。并且相信相似的对象在处于相似的环境下时永远会产生相似的结果。可见，因果关系只是一种信念。

休谟的经验论实质上是一种经验至上论，是事实至上的一种早期形式。它的怀疑论实质上暴露了经验主义的内在矛盾。或者说，在坚持事实之上的基础上，科学的理性只是表面的形式，它的实质是非理性的。因为，事物的因果联系只是一种心理习惯，它的基础是信念，没有任何客观的根据，也没有任何逻辑的根据。事物间的因果联系永远处于神秘之中。在这里，与其说休谟动摇了科学大厦的基础，还不如说，休谟揭示了经验主义、实证主义中因果关系的存在基础问题，揭示了它们自身非理性的一面。

休谟提出的因果问题、归纳问题一直困扰着实证主义，被认为是科学与哲学的家丑。逻辑实证主义以逻辑原子论的形式，又在语言哲学的层面上重新面临这一困境。原子事实是事物的状态，与此相对应的原子命题。原子命题是原子事实的图像。根据逻辑规则，分子命题由原子命题构成，它的真假值由原子命题决定。通过这个过程，内在于语言的逻辑结构构造出世界的逻辑结构。因此，维特根斯坦说，"5.6 我的语言的界限意味着我的世界的界限。5.62……世界是我的世界：这表现在语言（我所唯一理解的语言）的界限就意味着我的世界的界限。"[①] 但是，在这里，语言和世界的关系发生了转变。本来是语言描述事实和事实之间的关系，在语言中再现世界的图像。但是，在这里，是内在语言的逻辑结构赋予世界以逻辑结构。如果说康德认为理性为

---

① ［德］维特根斯坦：《逻辑哲学论》，商务印书馆，1999年，第85页。

自然立法,那么,在这里,就成为语言的逻辑结构为世界立法。不是语言描述世界,而是语言构造世界。那么,原子事实之间的联系实际上是人的语言赋予的,它们原来的关系不可说了。再进一步说,语言的逻辑结构也是不可说的,这是因为,语言的逻辑结构是陈述知识可能的前提条件,当我们要言说语言的逻辑结构时就会导致悖论。罗素的类型论规定,"一个其值真或假要被论断的命题,必须比用来做论断的那个命题低一层次……由此得出这样的结论:一个命题不可能有意义地断定它自身的真或假。"①因此,用科学语言的句法-语义指号系统探讨科学语言自身就会产生悖论,这种探讨是没有意义的。语言的逻辑结构是不可说的,只能自我呈现。

因此,从逻辑实证主义自身的观点出发,科学的基础仍然是非理性的。语言是认识可能的前提,或者说,是有效陈述的前提。但是,它内在的逻辑结构却是不可说的,由它所构造的世界的逻辑同样是不可说的。作为一个事实的集合体,世界也同样陷入非理性之中。与此相应,世界只是陈述出来的现象的世界。所谓规律的客观性,只是依托于语言中的共同的、不可说的逻辑结构。实际上,规律,或事实之间的联系成为主观的了。

实证主义坚持统一科学的纲领,当这一方法应用于社会时,事实的至上性与社会科学的客观性会发生深刻的矛盾。人类社会是人在实践活动产生、发展的,是在人与自然和人与人的交往中产生的。人类社会是一个整体,又是一个过程。所以,社会是一个过程的集合体,而不是事实的集合体。任何社会事实都是在这个过程中产生,受这个整体、过程的制约,并作为新的事物产生

---

① [英]艾耶尔:《二十世纪哲学》,上海译文出版社,1987年,第37页、第38页。

的条件。因此,"一切事实都是一个历史连续体内的事件、现象。"① 实证主义坚持事实的至上性,并不能真正地认识社会。

第一,坚持事实的至上性,就是要求认识只是局限于描述事实和事实之间的联系,而不能超越事实。但是,这实际上是把事实与产生它的整个社会割裂开,将其抽象化、普遍化了。认识必须从事实开始,但是,不等于不能超越事实。社会事实是从社会的政治、经济和文化结构中产生,是以它们为中介的。因此,可以说,它是这些深层结构的现象,或是假象。因此,只有把事实与它们连接起来,才能真正认识事实。例如,现代社会人们关心科技异化问题,认为科技是压迫人的事物。但是,科学技术是为了解决社会实践中的问题,把人从外部自然力量中解放出来而产生的。纺织机就是为了解决人的穿衣问题,使人不再为穿衣问题耗费大量的时间精力。但是,在市场经济条件下,纺织厂里的工人是在为别人的利润而生产,紧张的劳动不是缩短而是延长了。在这里,这个社会事实是在特定历史阶段、特定的经济条件下产生的。也只有放在这种背景中才能理解。机器的一些特征不是来自于它自身,而是来自它应用的社会结构。仅仅将目光局限于机器自身,就会把特定历史结构赋予机器的一些特征作为机器的本质特征,从而把这种特征永恒化。可以说,离开社会结构,就会把社会事实抽象化,永恒化。

第二,离开社会机制不可能真正认识事实间的联系。先有闪电,后有雷声,但是,二者的联系不是规律,它们都是由于云层的放电同时产生的现象,二者本身并没有因果联系。社会中这样

---

① [美]赫伯特·马尔库塞:《单向度的人》,重庆出版社,1998年,第157页。

的情况更多。有一个著名的案例,[①] 在上个世纪的纽约城,长期以来,在冰淇淋销量和犯罪率的统计有很大相关性。在二者的关联中,不管谁是谁的原因都是很荒谬的。实际上,酷热的天气是二者共同的原因。因此,仅仅在现象层次上归纳事物间的联系是不能获得真正的客观性的。也正是因为这个原因,批判实在论认为,必须要超越事实层次,把事实与产生它的深层结构联系起来,必须承认现象后面的实在的真实性,才能真正揭示事物间的联系。

批判实在论把事件和事态,也就是事实看作实在的现实层面。实在的深层"包括生成这些事件的基本机制或力量。"[②] 人们对现实层面的感知、观察组成经验层面。在坚持事实的至上性的原则下,实证主义要想真正地认识事物之间的联系,必须包括如下两个条件。一个是深层的实在机制如实地在现实层面上表现出来。另一个是事实的层面在经验的层面上被如实地描述。但是,深层实在的机制往往不会如实的表现在事实层面上。这是因为,在事实呈现的过程中,往往受到其他机制的干扰。例如,在地球上,事物的下落遵循落体定律,落体的速度与质量无关。但是,由于空气的阻力,一片羽毛的下落就违背了落体定律。由此得出事物下降的速度与重量成正比反而更符合日常观察。但是,这是一个错误的结论。在第二个问题上,事件和事态也不可能被如其所是地观察。实证主义确证知识依赖于证实或证伪,但这两种途径都假定了纯粹事实的存在。然而,观察总是渗透理论的,事实总是在一定的理论范式中才能成为事实。这两种途径都不能

---

① Garry Potter, The Philosophy of social science ——New perspective, Pearson Education Limited 2000, P56.

② [英] 帕特里克·贝尔特:《二十世纪的社会理论》,上海译文出版社,2002年,第252页。

保证事件或事态被如实地描述。

正是因为实在的各个层面的不同步性，简单地从事实出发，描述并归纳事实间的规律，往往具有形式化和随意性特征，不可能真正认识实在，不可能认识实在的深层机制。

第三，离开历史过程不可能真正认识事实。人类历史是个过程，事实就是这个过程的一部分。任何社会事实都有历史性，都有起源、发展的过程，它由过去的事物和各种条件发展而来，它本身又作为未来事物的发展条件在起作用。从这个意义上说，现实是事物发展的一个环节。而在科学研究中，科学都要把特定的事实从各种相互关联中抽象出来，这是一个孤立化的过程，又要从发展的过程中孤立出来，在此基础上进行研究。"事实只是在这种情况下，因认识目的的不同而变化的方法论的加工下才能成为事实。……事实就已经是一种理论、一种方法所把握，就已经从原来所处的生活中抽出来，放到理论中去了。"[①] 在这个过程中，事实有一个孤立化、静止化的过程。实际上，建立在统计数据（各种事实）基础上的社会理论总是落后于实际社会的发展。因此，强调事实的至上性就忽视了科学认识中事实被构建的过程。这个事实是个既定事实，与产生它的各种历史条件相分离，也与新的未来趋势相分离。在这个基础上，当认为现实是事实的总和时，并如其所是地进行研究时，社会的历史维度也随之消失了。社会科学所呈现的是一个既存的社会。而事实与事实之间的联系都成为永恒的了。实证主义也进行历史研究。但是，在坚持事实至上的基础上，这种研究只是局限于事实的鉴定，或者，把历史上同类的事实抽象地进行比较，描画出发展过程。但是，由于现存的社会事实是非历史的、既定的，所以，先前所有的事实都是既存事实的准备阶段，在现存的社会，历史达到终点，人类

---

① ［匈］卢卡奇：《历史与阶级意识》，商务印书馆，1996年，第53页。

不再有新的未来。

总之，坚持事实的至上性，社会科学的基础就永远是非理性的，社会实在的问题被排除社会科学，而缺乏客观基础的所谓社会规律往往是形式化的、甚至是随意的。坚持事实的至上性，实质上把事实从社会历史的发展中割裂出来，在此基础上，实证社会科学把现存的社会非历史化，特定历史阶段人类活动的规律转化为永恒的不可超越的自然规律。

3.2 建构主义与社会科学的客观性问题

以韦伯为代表的社会思想家把新康德主义人文科学的方法引入社会科学的研究中，形成了社会科学的建构主义[①]，其中尤其以韦伯、曼海姆以及后来的哈贝马斯等著名思想家的建构主义思想最引人注目。以韦伯为代表的社会科学建构主义坚持社会科学与自然科学之间质的区别，坚持社会科学方法中解释的重要性，也有人称之为诠释学派。他们承认事实是在一定的价值视野中呈现出来的，社会科学是在特定的价值关联中构建出来的。因此，也承认社会科学中在一定程度上的负载价值。但是，诠释学派坚持社会科学的价值中立，这种价值中立表现为对社会科学认识出发点的价值、认知旨趣持非批判的态度，从而不可避免的走向相对主义、多元主义，最终否定认识社会本质的可能性。

---

① 建构主义的含义比较复杂，简单地说，知识是一种建构，休谟、贝克莱和康德是这一思想的古典代表。就社会科学而言，马克斯·韦伯、曼海姆是现代建构主义的代表，曼海姆之后，在逻辑实证主义和其他学派的攻击下，建构主义为人们所淡忘。上个世纪80年代建构主义开始复兴。人们认识到在社会实在和社会科学间存在辩证关系。社会科学是一种社会建构。同时，社会也是通过知识有意义的建构起来的，社会科学在这个过程中发挥着重要作用。这时的建构主义更强调反思意识。反思构建社会科学知识的社会因素的作用，同时也关注社会科学知识对社会的作用。在这里，本文只是从价值中立的角度出发，把重点集中在韦伯和曼海姆的建构主义上。

3.2.1 韦伯的理想类型、客观性与相对主义困境

社会科学中的建构主义是指这样一种思想，社会科学知识是认识主体在一定的价值前提下对经验事实进行选择，并由其创造的一系列概念组织而成的知识体系。简单地说，社会科学中的社会实在是主体有意义的建构物，但不是客观实在本身。马克斯·韦伯是这一思想的开创者和代表。他的思想受到尼采透视主义和新康德主义的影响。

建构主义的思想源自康德。康德认为，人的理性为自然立法，我们将感觉经验放入由科学理性创造的自然科学规律体系中而赋予客体以秩序，科学知识是主体心智的建构。但是，也正是由于这个原因，这样的知识只适用于现象界，而不能告诉我们实在自身的任何知识。康德的认识主体是先验的理性主体，先验的纯粹理性保证知识的普遍性。这样的主体构建的知识体系是必然的、普遍的，或者说，是唯一有效的知识。

尼采对康德的思想进行了唯意志论改造。尼采认为，知识表面上是理性的产物，但实际上是权力意志的创造物。人的眼睛不仅仅是理性的，更是欲望的。从知识的产生来说，人不是全方位的反映实在，而是用欲望的眼睛从特定的角度来透视实在，知识是在这个过程中呈现出来的。不同的透视角度会构建不同的知识，这就是他的透视主义（Perspectivism）。尼采所谓的透视，借用的是绘画术语，"是指根据视觉特征再现物体外观的规则。它包含或可引申出观察角度及深度景观等多层含义。"[①] 尼采的透视主义知识论，包含有以下观点。第一，透视的角度是可变的，每一种认识都是从某一特定角度观察对象，所获得的认识总是受观察角度的限制。第二，认识对象是在透视中呈现出来的，

---

① 张志林、陈少明：《反本质主义与知识问题》，广东人民出版社，1995年，第87页。

被透视的角度所塑造。因此,透视是通过简化的手段来表现对象,虚构对象,更是创造对象。第三,透视不是对所谓真实世界的复写,而是一种解释。解释的视角背后是生命意志或权力意志的需要。随着生命力的扩展,必然导致视角的变换与提高,视野的扩大。尼采的思想对韦伯的建构主义产生了重要影响。

新康德主义是韦伯建构主义的另一个思想渊源。康德认为,在纯粹理性的领域中,自在之物是无法解决的。但是,可以通过实践理性来认识自在之物。人能够通过道德实践,通过直觉,在整体意义上理解作为价值世界、作为目的性王国的实在。新康德主义思想家文德尔班、李凯尔特把这一思想引入到人文科学之中,强调自然科学和人文科学质的区别。认为自然科学追求的是事物的规律,是普遍性,而人文科学追求的是独特性,"解释"的方法是人文科学基本方法。在自然科学中,纯粹理性提供了知识构建的原则,而在人文科学中,价值提供了知识构建的原则,人文科学都是价值关联的。

在这个基础上,马克思·韦伯提出了社会科学的建构主义的基本思想,他把社会科学理论称为"理想类型"。韦伯认为,社会科学是价值关联的。社会科学的对象是一个文化的世界,一个价值的世界。只有在一定的价值视野中,社会的事实才会呈现出来,研究者才会获得研究的方向和材料。"'价值关联'这一用语仅仅指对那种特殊的科学'兴趣'的哲学解释,这种特殊的科学兴趣决定了对特定课题的分析和经验分析问题的选择。……它表明文化的(即评价的)兴趣为纯粹的科学工作提供了方向。"[①] 因此,社会科学的方法是解释。韦伯坚持社会科学与自然科学的区别。社会科学研究的是人的行为,是人的有目的的行

---

① [德] 马克斯·韦伯:《社会科学方法论》,华夏出版社,1999年,第120页。

为。所以，进行外部的观察不能真正认识人类的行为。当我们看到一个人眨眼睛时，仅仅描述这个动作是不够的，眨眼的动作可能是一个生物行为，人因视觉疲劳不自觉地眨眼睛，也可能是向另外的人传递眼色、信号，也可能带有讽刺意味的嘲笑什么东西。而后两者都是有目的的行为，不理解行为者的目的，就不可能真正认识人的行为。因此，只有在理解人的行为目的的基础上进行内在的解释才能真正把握人的行为。

而行为的目的只是存在于个人的行为中。因此，韦伯认为，社会科学的出发点是对个人行为目的的解释。当我们说"农业利益"这个概念时，这是不准确的，实际生活中存在的只是家畜培养员、家畜饲养员、谷物种植者、谷物消费者、蒸馏威士忌的农场主之间发生的无数利害冲突，它们是"经验上可确定的、从事经济活动的具体个人关于他们自身利益的或多或少明确的主观观念"。① 只有从这些个人的主观观念出发才会真正认识社会。韦伯的这种方法被称为方法论个人主义。从个人的行为目的出发来理解社会，社会就会显现成无穷无尽的社会行为网络。而社会研究总是从特定的价值关注点出发，在其中选择特定的事实，并在这一基础上建构理论。韦伯称这样的理论为"理想类型"。正因为事实是从无数行为中挑选出来的，所以，韦伯指出，"真实现象恰好对应于这些理想类型或纯粹类型的情况……很少出现……（它）总是在意义层次上根据合适的观点而建构的。……所建构的理想类型越是严格和精确，从而在某种意义上它越是抽象和非现实。"② 理想类型并不反映社会实在，也不是从事实中

---

① [德] 马克斯·韦伯：《社会科学方法论》，华夏出版社，1999年，第203页。
② [德] 马克斯·韦伯：《社会科学方法论》，华夏出版社，1999年，第54页、第55页。

第3章 价值中立与社会科学的客观性

归纳出来的普遍性，它们只是人们理解社会而构造的工具。人们只能通过各种理想类型理解社会，或者说，人类的认识对象只是理想类型，作为现实发展着的社会历史实在是无法认识的，康德想通过实践理性解决的"自在之物"，又通过新康德主义在社会科学中重新出现了。

韦伯就此在更深层次上提出了社会科学在社会实践中的价值中立准则。从社会科学的性质来说的，作为理想类型，社会科学不能提供科学的社会目标。社会科学揭示的不是社会现象后面本质的，也不是普遍规律，它只是理解现实的工具，事实之间的联系是认识的主体赋予事实的。而所谓历史的进程，诸多社会形态的接替，只不过是理想类型的组合。不管是马克思主义还是自由市场经济理论，都是理想类型。人们对这些理论的理解犯了自然主义的错误，他们把这些理想类型实体化，"相信历史现实的'真实'内容和本质可以用这种理论结构来描述；……将这种'概念'实体化为在事件的记录后面起作用并且在历史上将自己表现出来的'力量'和'真实'现实。"[1] 并在此基础上提出"应该"的问题，按照历史的本质、规律的要求改造社会，并把这种要求道德化。这是建立在对社会科学的理想类型本质的错误理解之上的。理想类型只是理解现实、帮助人们实现目的的工具，它可以解释事实，进行预测，但不是对社会实在的反映，在人类的实践中，社会科学无法解决人类活动的目标问题。

韦伯的建构主义深化了社会科学的主题，拓宽了方法论的视野，推动了社会科学的发展。但是，这一理论自身存在巨大的理论问题，其中最重要的问题就是社会科学的客观性问题。这一问题可以从两个方面来说。其一，反对社会科学的普遍性和客观

---

[1] [德] 马克斯·韦伯：《社会科学方法论》，华夏出版社，1999年，第190页。

性。无疑,韦伯这一思想受到了李凯尔特的精神科学方法论的影响。李凯尔特认为,精神科学追求理解历史上的独特事件,拒绝一般概念,拒绝普遍性。但是,这种方法论原则是无法贯彻的,"国王"、"战争"、"农民"、"武士"等等任何概念本身就是一般的、普遍的,拒绝它们,根本就无法进行研究,科学对社会、历史根本无法进行陈述。韦伯提出的"理性类型"这一思想一方面继承了李凯尔特的基本原则,另一方面又要克服李凯尔特面临的困境。因为,作为社会科学家,韦伯要寻求具有普遍性意义的规律概念,否则,社会科学就失去了自身存在的价值。同时,韦伯又否认这种普遍性的存在。理想类型的观念就是在这个基础上产生的。理想类型这一思想,既执行了普遍规律的功能,帮助人们在不同的具体条件下认识现实,又否定普遍规律、本质等概念的存在。但是,仅仅因为现实情况与理想类型不一样,就否定理想类型的普遍性、客观性,这种否定的理由至少说是不充分的。因为任何概念、规律的形成过程都是对事物本质,或重要属性的把握、归纳,与此同时,把无关紧要的特征忽略掉,但是,这并不影响对事物客观本质、规律的概括。

其二,从韦伯的思想前提出发,必然导致社会科学的多元主义、相对主义。韦伯是承认科学的客观性的。为了保持这种客观性,在方法上必须坚持价值中立原则。在科学活动中,要把价值关联和价值评价区分开。他承认社会事实是在特定的价值视野中呈现的,这种价值前提会影响事实的选择、构成,但又认为价值是非理性的,无法评判的。这实质上是对社会科学的价值前提持非批判的态度。这样,韦伯所说的客观性无非是说,站在我的立场上,我能看到,你也能看到。但是,从这种对社会科学价值前提非批判的态度出发,科学客观性的标准只是存在于理想类型的内部。这种客观性的根基却是主观的、非理性的。

韦伯否认价值的可比较性,否认统一的价值基础。韦伯对价

第3章 价值中立与社会科学的客观性

值前提的非批判态度,一方面接受了李凯尔特价值关联的思想,认为社会科学有价值前提,另一方面又受到了尼采唯意志论的影响。他认为,世界是一个随着工具理性化而去魅过程。合理性只是达到目标提供最佳手段的工具理性,而行为的目标或价值是非理性的。各个民族、国家为了生存而斗争,他们的价值观念处于永恒的冲突之中。价值是非理性,不可比较的,对于价值,你只能决定选择哪一个,而不能确定哪一个更合理。因此,社会科学的价值前提是非理性的,不能进行比较,不能合理化的。因此,社会科学家不能对科学研究的价值前提进行评价,而只能决定。这样,对于同样的世界,出于不同的价值关联,就会产生众多的科学体系,它们是不可比较的,都有自己的科学客观性。不管是古典自由主义对自由市场学说还是马克思的历史唯物主义都是人们理解世界的理想类型。这样,科学失去了真正的客观性基础。我们可以把解释世界的思想形式强加在社会实在之上,但是我们永远不能触及事物自身,社会实在、历史作为"自在之物"从科学理性中消失了,只剩下众多的理想类型毫不妥协地对峙着。

3.2.2 曼海姆的知识社会学和无社会依附的知识分子

如何消除建构主义中的非理性因素,走出相对主义困境成了萦绕于建构主义者心头挥之不去的阴影。既然体系的非理性来自于价值关联,如果摆脱价值关联,不就获得客观性的坚实基础了吗?

曼海姆从这里出发了。他继承了韦伯的建构主义思想,把社会科学的视角与特定的阶级利益联系起来。它认为,现实生活的行动目的形成了人们的视角,人总是通过一定的视角认识社会。"'视角'在这种意义下表示一个人观察事物的方式,它所观察的东西以及他怎样在思想中构建这种东西,所以,视角不仅仅是思想外形的决定，它也指思想结构中质的成分。"① 因而，"很明显的是，每一种社会科学的判断都与观察者的估价和无意识取向紧密地联系在一起的"。② 认识客体是不能离开认识主体的，它是主体由于不同的立场而形成的视角创造出来的。但是，如果社会科学是不同的阶级从自己的利益、自己的需要出发建构起来的，那么，社会科学是不是变成了以科学的形式表达阶级利益的意识形态？还存不存在真正的社会科学？曼海姆认为，要把社会科学从这种困境中挽救出来，就要对社会科学进行知识社会学研究，也就是把社会科学与产生的这一视角的阶级利益相联系，进行澄清。马克思把社会科学与阶级利益联系起来，对资产阶级经济学的意识形态特征进行了深刻的批判，这是马克思的巨大贡献。但是，曼海姆认为，马克思的意识形态批判只是针对别人，而忽视自身的阶级立场所带来的片面性。知识社会学的任务就是把这种批判进行到底。社会中的各个阶级处于社会结构的不同部分，对社会产生不同的认识，这是社会科学的并非完全错的，而是片面的。把这些知识进行综合就会形成对社会总体的、全面的认识。这样，社会科学就会真正的科学化。

韦伯认为，各个阶级、民族的价值处于永恒冲突之中，这些价值是不能妥协的。曼海姆的知识社会学实际上否定了这一点，它实质上要在各种冲突的利益、冲突的视角间进行妥协、综合。但是，当曼海姆指责马克思时，他的指责完全适用他自身。知识社会学的研究必须有人来进行，这些人又必须来自社会，既然来自社会，就会有自身的利益，既然有自身的利益，就会形成与此

---

① ［德］卡尔·曼海姆：《意识形态与乌托邦》，商务印书馆，2000年，第277页。

② ［德］卡尔·曼海姆：《意识形态与乌托邦》，商务印书馆，2000年，第47页。

相联系的视角。它就会在这种视角下重构这些社会知识,这些新的综合无非又在片面的知识中新增加一种新的片面知识,而不是真正的、对社会全面的认识。这种理论的恶性循环被成为"曼海姆悖论"。为了走出这一悖论,曼海姆提出了"无社会依附的知识分子"①的概念来解决这个问题。这些知识分子"是一个相对不具有阶级性,没有被太牢固地安排在社会地位的阶层。"②他们可以在社会之上,超越各种褊狭的视角,确立一个客观的视角,由此建立起"科学"的社会科学。

在这里,曼海姆把社会科学的客观性建立在超越各种利益纷争的中立的立场上,他实质上也提出了一种价值中立原则。曼海姆的这一尝试肯定是彻底失败了。有自由知识分子,却没有超脱于社会之上的知识分子。现代社会,知识分子已经被纳入体制之中,成为社会中的一个阶层。即使在这之前,知识分子也必须承担起一定的社会功能,才能获得相应的社会角色和自身利益。甚至这种"自由"的身份本身就是社会功能的一部分。曼海姆的失败在于,他一方面认为一切知识都是有视角的,但是,最后又力求追求"超越"所有视角的理论起点,或者说"无视角",可以说是真正的价值中立。这使曼海姆的知识社会学处于尖锐的矛盾之中。

3.2.3 哈贝马斯的共识真理论及其困境

如果认识不能脱离价值前提,那么,如果我们找到共同的价值不就可以获得社会科学的客观性了吗?哈贝马斯结合现代哲学提供的资源,力图出此出发解决建构主义的困境。

---

① [德] 卡尔·曼海姆:《意识形态与乌托邦》,商务印书馆,2000 年,第 158 页。

② [德] 卡尔·曼海姆:《意识形态与乌托邦》,商务印书馆,2000 年,第 157 页。

现代科学哲学认识到"沟通"在科学活动中的作用。科学不是单个人的活动，而是科学家共同体的活动，科学家应该遵守的规范、科学的前提、概念以及对经验事实的命题都必须在科学家共同体中经过协商、讨论得到澄清，并得到认可。在这个基础上，科学活动才能真正进行。科学依赖于共识，共识依赖于沟通，而科学里的共识沟通依赖于政治道德规范的承诺。哈贝马斯进一步将沟通的概念扩展到社会，提出著名的"理想对话语境"，力图把社会科学建立在这种由沟通而获得的共识之上，以"共识真理论"来解决建构主义的困境。

哈贝马斯把人类的历史发展分为两个过程。一个是向自然的学习过程，也就是劳动的体系，这是一个工具理性的领域。另一个是人与人之间的学习过程，这是一个生活世界，在这里人们获得了对自我、世界的理解，这是一个交往理性的领域。在此基础上，哈贝马斯提出著名的"理想对话语境"，这是对主体间交往的理想化。在这一理想语境中，每一个有语言和行为能力的主体都要自觉地放弃权力和暴力，人人都以追求真理为最高目标。通过自由、平等、无强制地诚实对话达成共识。不仅如此，通过话语共识建立规则还必须为所有人所遵循。通过交往理性，主体间的沟通，人们可以获得共识，获得共同的对世界的理解、对社会和自我的理解。这样，就为人类的认识和行为提供了坚实的道德基础。

通过交往获得共识实质上就是通过交往使价值合理化。这里面包含了对韦伯的价值前提的非批判态度、曼海姆追求无前提的态度的超越。交往就是批判，这是哈贝马斯思想的合理之处。但是，哈贝马斯又遇到了新的难题。首先，理想语境能够达到吗？不用艰深的哲学论证，肯定是不可能的。哈贝马斯是以先验哲学的方式讨论这一问题。什么是知识的有效性条件？那么，必须有一个主体间有效的沟通。但是，这种先验哲学的探讨方式无法容纳历史的、现实的力量。"理想对话语境"终究只是人们可望而不可即的理想。另外一个问题，即使共识达成，它与客观世界又是什么关系呢？哈贝马斯认为，"甚至要坚持这样的观点：这些规范结构的发展乃是社会进步的领路者，因为新的社会组织原则意味着新的一体化形式，而新的社会一体化首先使可利用的生产力的实施或新的生产力的创造成为可能，并使社会复杂性的增加成为可能。"① 也就是说，由生活世界中产生的共识是引导社会前进的决定的力量。但是，哈贝马斯又认为，现代社会的问题是由于生产系统形成的技术性力量扭曲了交往领域，发生了生活世界的殖民化，压制了生活世界的解放潜力。换句话说，是现实的经济力量决定着社会。哈贝马斯给人的感觉就是在不停地转圈，找不到真正的出路。

总之，在坚持社会科学具有价值前提下，建构主义把能走的路都走了，却仍旧不能解决社会科学的客观性问题。

3.3 价值中立原则与唯智主义

不管是实证主义还是建构主义都存在着难以解决的客观性难题，这一难题源自价值中立原则所坚持的非批判态度。在西方社会科学研究者中，这种原则表现为一种唯智主义倾向。这种倾向的核心是抽象的人的观念，本质上是一种物化意识。

3.3.1 唯智主义及其谬误

价值中立原则在西方学者中表现为一种唯智主义倾向，这一倾向是社会科学家所特有的观察社会的学究眼光。法国社会学家布迪厄指出，"这种偏见根源于这样一个事实，既要去研究社会，描述它，谈论它，我们就必须或多或少地从中完全脱身出来。我们建构的关于社会世界的理论，是一种以理论为出发点的

---

① ［德］哈贝马斯：《交往和社会进化》，重庆出版社，1989年，第123页。

关注方式的产物。"①它"诱使我们把世界看作一个旁观的场景（speetacle），一系列有待解释的意指符号（significations），而不是有待实践解决的问题。"② 以这种眼光研究社会，就会产生实践者和理论研究者的错位，混淆了实践的逻辑和理论的逻辑，从而导致对社会的错误认识。

这种唯智主义最关键错误是混淆了研究者的无时间与实践者的时间，并用前者代替后者。就现实中的实践活动者来说，他们都是经历了长期的社会化过程，与社会的物质结构相对应的符号意义体系已经转化为个人的认知、评价结构，它就隐藏在实践者的日常习惯之中，是一种模糊的、情绪化不能用科学的概念表达的前科学知识。这种前科学知识一旦遇到相应的条件就会显示出来，发挥作用。因此，在现实的生活中，实践者面临的是紧迫的问题，实践中的时间有节奏，有方向，尤其具有紧迫感，几分钟可以关系到一场战争的成败。实践者面对着这种时间的紧迫感，他们不可能等到各种材料齐全之后，经过精心筹划再去行动。他们是依靠过去经验形成的习惯，在对未来的关注中瞬间做出决定。③ 但是，虽然是瞬间做出的决定，日常习惯中所隐藏的前科

---

① ［法］布迪厄，［美］华康德：《实践与反思》，中央编译出版社，1998年，第101页。
② ［法］布迪厄，［美］华康德：《实践与反思》，中央编译出版社，1998年，第42页。
③ 笔者曾经在报刊读过一篇采访某公司总裁的报道，被采访者谈论他成功的经验时谈过，他之所以是总裁而另一个人是他的下属，其最重要的原因就是他是哈佛大学的硕士，而他的下属是哈佛大学的博士。他总是在材料搜集到50%到60%时就做出决定，而他的下属总是希望搜集到90%以上再做决定。这个总裁认为，他的下属最大的问题在于，他忽视了时间，在他力求掌握所有情况的时候，情况本身已经发生变化了，因此，他的下属永远落在事态发展的后面。如果换个角度理解这个案例，这正体现了实践者和理论研究者的区别。哈佛博士把理论研究者的思维习惯带到实践活动中，忽视了二者的差别。这则报道已经难以找到出处，仅作为理解正文的材料附注于此。

学知识已经在发挥作用,并在实践者不知不觉间把现存的社会结构再生出来。因此,在此基础上,社会行为及其结果总是表现为合目的、合规律的。

与此相反,理论者的兴趣是认知性的和理论性的,他们的科学实践是非时间化的。分析者是事后才到来,他们搜集了实践者不知道的各种材料,掌握了事件的全过程。一个事件的历时过程在观察者面前是以共时性的形态展开的。这样,现实中的时间节奏、方向和与之相应的紧迫感都消失了。因此,就会产生这样的问题,分析者会提出了实践者在实践中根本不会考虑的问题,会用一个观察者与对象的关系代替了行动者与实践的关系,把分析者的兴趣和观点加在行动者头上。这种外在的、中立观察的理论倾向产生了对社会行为的误解。一种误解把社会理解为按照自身的、不以人的意志为转移的规律运转的,实践者只是被动地受这一必然规律支配,由此产生了社会科学中的实证主义的外在观察、描述的方法,从而把社会物化,把社会规律等同于自然规律。另一种也就是韦伯所提出的方法论个人主义。认为社会是在个人有目的地追求个人利益最大化的理性行为中产生的,并从这种行为方式理解社会。

韦伯在《社会学基本术语》一文中专门介绍过这种研究方法。"在试图解释一八六六年的运动时,在莫尔特克和贝内德克这两种情形下,假定既完全知道他自己的情形,又完全知道其对手的情况,那么,凭借想象建构每一方将如何行动的概念,是绝对必要的。这里,便有可能把这一观念与行动的实际进程相比较,有可能对所观察到的背离做出某种原因说明。"[①] 当然,作为学识渊博,思想深刻的社会学大师,韦伯也意识到现实的行动

---

① [德]马克斯·韦伯:《社会科学方法论》,华夏出版社,1999年,第55页,第56页。

是在难于言喻的半意识状态下或对其主观意义的实际无意识状态下进行的。所以，它的研究方法"实际上也运用了理性行动的理想类型建构"[①]来进行社会学和历史学研究。

这种研究方式产生了韦伯思想的错误。由于从个人的目的——理性的行为模式出发，社会行为成为无法把握的无穷网络，从而否定社会科学研究对社会本质研究的可能性，否定社会规律的客观性。同时，理性行为模式是在市场经济条件下占统治地位的行为方式，它与特定的历史阶段、经济制度相联系的。但是，当用这种行为模式理解历史时，或者说，以韦伯关注的行为方式理解历史上实践者的行为方式时，无异于把按照资本主义的行为方式理解历史。人类历史就表现为不断的工具理性化的进程。资本主义只是这种理性化的结果，是宿命，人类别无选择，无处可逃。韦伯一方面否认社会规律的普遍性、客观性，另一方面又把资本主义的规律普遍化了。

3.3.2 唯智主义的本质：抽象的人的观念

唯智主义从本质上说是抽象的人的观念。认识主体不再是现实生活中的实践者，而是一个超历史、超社会的理性存在，他在社会之外认识这个社会。不管是在实证主义还是在建构主义的历史发展中，这种脱离社会历史实践的抽象的理性人的观念一直贯穿于其中。它是实证主义和建构主义共同的思想前提。

近代意识哲学在讨论认识论的时候，总是把人设想为抽象的理性，其中最明显的就是笛卡尔"我思故我在"的命题，"我"是与物质肉体相脱离的、正在进行怀疑的理性。而洛克所讨论的认识主体是一块心灵的白板，理性的作用是对上面的划痕进行组合。这种抽象的人的观念，经过语言哲学的转向，在逻辑实证主义中转化为抽象的语言逻辑主体，它是一个依靠语言的逻辑结构

[①] [德]马克斯·韦伯：《社会科学方法论》，华夏出版社，1999年，第56页。

描述世界的主体。维特根斯坦把这一倾向发展到极端。语言是有效陈述的前提，语言是世界的界限。这种抽象的语言人就像一只手电筒，它只是世界呈现的条件，它自身却不在世界之中。因此，"5.631 没有思考着或想象着的主体这种东西。……这是一种孤立主体的方法，或者不如说，是在一种重要意义上表明并没有主体的方法。"① 当说道"我"的时候，只是指陈述成为可能的抽象的语言前提。" 5.64 这里可以看到，严格贯彻的唯我论与纯粹的实在论是一致的。唯我论的自我收缩为无广延的点，保留的是与它相关的实在。"②

这种观点实质上是说，与客体相对的抽象的主体能够独立地认识外在的客体。阿佩尔将这种思想称为方法论唯我论，"指的是那种至今仍未克服的假定，即认为，即使从经验上人类是一种社会存在物，判断构成和意志构成的可能性和有效性原则上无需一个交往共同体的先验逻辑前提就能得到理解，也即在某种程度上能够把这种可能性和有效性理解为个体意识结构的结果。"③ 认识离不开语言，语言又是在实践和交往的需要中产生的。离开社会是不可能产生认识的。维特根斯坦后期把语词的意义与它在语言游戏、生活形式的应用联系起来，就是认识到了，语言的应用离不开社会，人类的认识活动离不开社会，那种抽象的认识主体是不存在的，以及在日常生活中人们所理解"科学人"也是不存在的。

以韦伯为代表的建构主义属于社会科学中的解释学派传统，这一学派强调历史发展的脉络，人总是生活在历史之中，没有历史的前科学视野，历史是无法认识的。价值关联是社会科学可能

---

① ［德］维特根斯坦：《逻辑哲学论》，商务印书馆，1999 年，第 86 页。
② ［德］维特根斯坦：《逻辑哲学论》，商务印书馆，1999 年，第 86 页。
③ ［德］阿佩尔：《哲学的改造》，上海译文出版社，1997 年，第 275 页。

前提的思想，实际上否认了实证主义中抽象、在世界之外的理性人的观念。但是，建构主义最重要的思想特征就是要探讨科学有效性的先验前提，这种先验前提总是具有排斥现实社会、历史的特征。从韦伯、曼海姆以及哈贝马斯和阿佩尔的建构主义思想中，这种抽象的理性主体总是时隐时现，无法消除。

韦伯在其著名的讲演"以学术为业"中，规定科学家职业态度是"为科学而科学……而不仅仅是为了别人可借此取得商业或技术上成功，或者仅仅是为了使他们能够吃得更好、穿得更好，更为开明，更善于治理自己。"① 他认为作为一个科学家必须与作为实践者的人严格区分开。因此，韦伯心目中的科学工作者是脱离开社会纷争、在社会之外静观社会的人。但是，也正因为这个原因，社会成为外在于人的客体，对人而言是非理性的，不可认识的自在之物，而人的认识被局限于自己的理性建构的知识体系中。曼海姆力图通过"无社会依附的知识分子"寻找客观性的基础，也同样是设想一种离开社会，不受任何社会制约、超脱于社会之上的人，在社会之外客观的观察社会，这不过是韦伯思想的变形而已。相对而言，哈贝马斯认识到这个局限，但没有克服这个局限。在他的社会科学家共同体的"共识"作为先验前提这一观念中，他们把主体还原为生活世界中不断交往的主体，不是抽象的理性存在，而是社会中的个人。但是，当我们分析他的"理想对话语境"的观念时，就会发现抽象的个人观念仍然是他思维的前提。在他的理想对话语境中，所有的人都是自由的、真诚的以真理为目标相互沟通达成共识。但是，不用过多的分析就可以看出来，这些理想语境中的人都是脱离了社会历史现实制约的个人，脱离了现实生活、脱离了劳动的人，脱离了特定的历史社会特定结构的人。这是真正抽象的个人。哈贝马斯希

---

① [德] 马克斯·韦伯:《学术与政治》，三联书店，1998年，第28页。

望通过这些抽象的人的交往达成共识，并由此获得社会科学的价值基础，从而使社会真正的合理化。但是，哈贝马斯在这里以语用学的方式复活了启蒙时期的契约论。自然状态中的人通过理性的协商建构合理的社会秩序，只不过，自然状态变成了理想对话语境，自然法的理性变成了沟通理性，永恒的理性秩序变成了相对的不断合理化的社会秩序。但是，在这些变化中，抽象的个人观念仍旧是社会历史的起点，仍旧是认识的起点。如果说韦伯、曼海姆把认识主体从社会中抽象出来，那么，哈贝马斯倒是把主体放回了社会，但是，他却把整个社会抽象化了。

这种抽象的主体是一种直观心态，总是把社会作为外在的物，在社会之外对社会进行认识。这本质上是现代社会所特有的物化意识。抽象主体必然导致抽象的客体。抽象的主体处于社会历史之外与社会历史相对立。社会历史成为按照自身规律运转的客体。抽象的主体或者外在的描述客体，或者从特定的角度透视客体，而作为客体的社会历史总是外在于主体，对于主体的理性而言，客体总是非理性的。它只能描述客体的规律，却不能找到这一规律的理性根据，甚至干脆否认这种根据。或者主体把秩序赋予客体，构造出客体，而真正的客体作为"自在之物"永远沉寂在非理性中。不管实证主义还是建构主义都认为不能真正认识社会的本质。作为前者，实证主义得出的是主宰人类的永恒的自然规律，而作为建构主义的后者得出的相对主义。二者共同的特点是否定了人类社会内在的发展趋势，历史在这个过程中消失了。

在这里，价值中立原则通过特定的方式又在社会科学中把自己合理化了。在坚持事实的至上性的时候，把现存的世界物化、永恒化为按外在于人的自然规律运转，社会科学认识的就是这种自然规律。任何对未来的设想，都成为与社会现实相对立的，与科学相对的价值或主观愿望。而从建构主义来说，坚持对认识前提的价值起点的非批判态度，导致了建构主义多元论，科学只是理解世界的理想类型，并不解释社会的本质，社会科学从本质上没有力量提出人类的目标问题。在这个过程中，社会科学方法论意义上的价值中立原则转化为实践中的价值中立原则。

3.3.3 语言的构成性与社会科学的客观性

社会科学能否认识社会实在本身呢？在近现代哲学中，解决多元论、不可知论这个难题的极具创造性的思路是，人能够认识自己的创造物。而马克思主义的实践观正体现了这个思路。"对对象、现实、感性，只是从客体的或者直观的形式去理解，而不是把它们当作感性的人的活动，当作实践去理解，不是从主体方面去理解。"① 从马克思主义的实践观看，社会不是外在于人的客体，它本身就是主体的实践活动的创造物，客体就是主体。而建构主义的核心问题就在于不能从实践②出发，不能理解作为客体的社会即是主体的实践活动，无法看到通过实践达到主客体统一。所以，从实践观出发，只要超越由唯智主义产生的主客外部对立的两极结构，就可以解决建构主义的困境。

而现代语言哲学对语言的实践特性的研究，为澄清这个问题提供了新工具。语言的实践特性也称为语言的构成性，语言不仅是思维反映事物的中介，更是人类社会实践的中介。语言就渗透在社会实在之中，随着社会实在的变化而变化。就社会科学领域而言，建构主义的错误在于，它只看到了语言是反映的中介，而忽视了语言也是实践的中介。

---

① 《马克思恩格斯选集》（第一卷），人民出版社，1995 年，第 54 页。

② 这里的实践概念是指从主体的实践活动的角度理解社会，而不是指建构主义忽视了"实践是检验真理的标准"。建构主义并不否认理论的实用功能，只是认为，即使在理论指导下实现了实践目的，也只是说明理论是有用的工具，并不能由此认为理论把握了认识对象本身。所以，我国传统认识论不能真正解决建构主义的不可知论问题。

从语言的角度来看，社会科学是科学语言系统，但这种语言系统并非完全是专家的主观构建，它必须以日常语言为前提，而日常语言作为实践者实践的中介与社会实在具有内在联系。由于日常语言作为科学语言社会实在的桥梁，科学语言与社会实在的外在对立也就消失了，科学语言可以把握社会实在。

第一，语言（以下这一概念都指日常语言）作为实践中介与社会实在具有内在联系。

从实践的角度看，社会实在是一个主体间的、有意义的存在。任何社会结构、社会制度（规则）都是在实践者的行动中产生、发展，并且，只有在社会实践者的相互作用中才能显现出来。社会实践者的行动都是为了实现一定的目的，而且，这种目的必须为其他的实践者所理解才能够实现。而语言就是主体间意义传达的中介，通过它，实践者传达自己的目的，与其他实践者相互作用，完成自己的实践。

以语言传达目的，不管是实践者还是其他人，都需要应用描述制度（规则）的语言来区分行为，识别目的。比如，一个人把钱交给银行工作人员，银行工作人员收钱之后给他一张存单。如果有人问他，他会回答自己要"存款"，而其他人也会这样界定他的这个行为。而要界定这个行为就需要对银行信用制度有所了解，并根据描述这种制度（规则）的语言描述他的行为。当能够用描述制度的语言描述他的行为时，也就识别了他的目的。不管是存款人自己还是银行工作人员或是其他人，都是根据信用制度来界定这一行为的。正是因为有了这个制度和描述这个制度的语言，这个人的行为才能为其他人理解，进而顺利地完成。在这个过程中，理解行为的目的，界定行为都要依靠描述制度（规则）的语言。当人们能够对社会行为进行界定时，也就意味着人们掌握了描述相应社会制度（规则）的语言。所以，某一社会领域中运用来界定社会行为的语言，从一定意义上就是描述这个社会制度的语言。离开这种语言，任何人都不能让别人理解自己的目的，不能顺利地行动，不能在这个制度中正常生活。这是主体间的公共语言，它在社会制度中应用，与社会制度相融在一起。也正是由于这个原因，后期维特根斯坦的语言哲学认为，语言的意义在于应用，学习语言就是学习它的用法，学习在特定制度中如何使用语言，也就是学习在特定制度中如何生活。

由于语言是社会实践中的构成性因素，社会制度和在这种制度中应用的语言是内在统一的，所以不可分离。查尔斯·泰勒指出，"给定的某一特定社会维度的词汇，以这一社会维度的状况为基础。就是说，在这种社会实践没有占主导地位的地方，这些词汇将没有意义，不能被正确的应用。同样，没有占主导地位的这样或那样的相关词汇，这一领域的社会实践就不可能存在。这里不是简单的单向依赖，如果愿意，我们可以说是相互依存。但是，在这里，我们所真正强调的是，在社会实在和描述社会实在的语言之间的区分是人为的。"[①] 从本质上说，语言可以把握社会实在，或者说，关于社会实在的知识就是以语言的形式存在于其自身中。

第二，科学语言以日常语言为中介把握社会实在。

当然，科学语言不是日常语言，理论研究者不是实践者。但科学研究者在构建科学语言体系时，必须以日常语言为前提，必须以实践者的实践知识为前提。

在给定的社会制度中生活的实践者，基本上都能够正确地应用语言，描述、区分自己和他人的行为，识别、理解行为的目的。换一种说法，社会实践者都具有他所生活于其中的社会制度的整体知识及其相应的评价体系。吉登斯认为，"社会生

---

① Charles Taylor, Philosophy And the Human Science (Philosophy Papers) Cambridge University Press 1985, p34.

产是一种熟练的行为，它由人类维持并'实现'。社会生产的确只具有可能性，因为每一个（健全的）社会成员都是一个实践的社会理论家；在保持任何一种日常接触的过程中，他或她通常都以一种自然而然的、习以为常的方式利用社会知识和理论，而且这种事件资源的使用恰好就是日常接触的条件。"① 只不过这些知识以模糊的、前反思的形式存在于他们所应用的日常语言之中。

而社会科学的科学语言概念框架与这些日常生活中概念框架是不能分离的。社会科学与自然科学不同，它是一种双重认识。一方面是社会研究者对社会行为的认识和描述；另一方面，他所认识、描述的对象本身就是实践者的实践活动，实践者也利用日常语言对自身的行为进行描述。这种描述本质上是根据社会制度的知识给自己的行为定位。社会研究者也只有理解了社会制度的日常知识，理解了实践者如何为自身行为定位之后，才能利用科学语言进行描述。因此，社会哲学家彼得·温齐认为，在社会科学研究中，"任何一种更具有反思性的理解，如果被看成真正的理解的话，就必须以活动者所具有非反思性的理解为前提。"② 离开了日常语言，离开了实践者关于社会制度的实践知识，及其对自身行为的理解，科学语言就不能够形成。任何社会研究都必须搜集材料，如问卷、谈话、田野笔记等，这些材料本身就是对实践者日常语言的记录。研究者以此了解实践者的知识，并在这个基础上再次用科学语言进行理论概括。

所以，研究者构建理论的过程，本质上是对社会实践者所拥

---

① [英]安东尼·吉登斯：《社会学方法的新规则》，社科文献出版社，2003年，第75页。

② [英]彼得·温齐：《社会科学的观念及其与哲学的关系》，上海人民出版社，2004年，第95页。

有的社会制度的知识进行整理、辨析、批判、抽象和系统化的过程，是把日常语言中蕴含着的关于社会实在的知识提升出来的过程，是对社会实在的内在把握的过程，而不是韦伯所设想的把科学概念强加在社会实在之上的过程。虽然每个研究者选取的材料不同，但材料中蕴含的关于社会的日常知识却是大致相同的（至少对相同的社会集团来说）。一般来说，科学研究者也生活在他所研究的社会之中，他天然掌握着日常语言以及其中蕴含的社会认知图式和评价体系。当他进行研究时，这些日常语言和日常知识作为背景知识自然的进入研究过程，影响着它的概念、理论体系。而这一点常常为研究者自己所忽视，从而产生理论是研究者自己独自"建构"的假象。

社会科学的理论体系建立在这些日常语言和生活经验之上，而日常语言与它所应用的社会制度内在联系着，所以，社会科学从本质上是能够认识社会实在本身的。更进一步说，对某一社会（或某一领域）的研究，虽然不同的研究者可以从不同的价值前提构建出不同的理论，但这些理论对社会实在的反映，必然存在着是否更真实、更准确、更深刻的差别，不可能具有同等客观性。

第三，建构主义所说的从特定的价值前提构建理论，本质上是研究者认同了在社会结构中所处特定地位的社会集团的实践知识，并将其理论化。

从建构主义的预设来看，当抽象的主体在社会之外透视社会时，透视的视角没有本质的差别。但是，理论"建构"本质上是对实践者日常实践知识的提升、抽象。但是，不管个人还是利益集团，在社会结构中所处不同的地位、利益的差别是其本质性，而这种不同地位自然会产生对社会制度的不同理解和描述。实践者以自然而然的态度利用这种知识定位自己的行为，而理论研究者需要对由不同地位产生的不同的知识框架进行分析、选择和认同之后,再用科学语言定位实践者的行为。所以,所谓专家的"视角",不过是研究者由于自身的社会经历,或者是在对各种材料的涉猎、研究过程中,逐渐认同了在社会结构中处于特定地位的社会集团的立场和相应的社会知识。

在人类社会的发展过程中,在现实社会结构中处于具有不同地位和利益的集团所起的作用是不同的。利益会使人产生虚假的认识维护现实,反之,利益也会使人产生更真实的认识超越现实,推动社会发展。以资本主义社会中资本家与工人的关系为例,是资本家与工人合作(和谐经济论)还是资本家剥削工人(雇佣劳动论)呢?从个人行为来看,生产活动是资本家与劳动者的合作,前者获得利润,后者获得工资,各得其所,劳资双方可能都这样描述这一行为。和谐经济论就是对这种认识的系统化。但是,如果把整个社会制度作为思考的框架时就会发现,劳资双方并不平等,由于劳动者没有生产资料,不被雇佣就无法生存,而资本家并不存在这个问题。这样,把劳资关系视为和谐合作的日常知识就被揭示为一种虚假意识。而处于劳动者的地位,对这种剥削、压迫关系体验的深刻程度,对揭示劳资之间的压迫性和剥削性会起到极大的促进作用。而马克思正是在认同了工人阶级的立场和社会认识,以雇佣劳动论更深刻地把握了资本主义制度的本质。

所以,马克思主义所说的党性原则,并没有神秘之处。它无非是说,处于社会制度中被压迫地位的人、阶级,由于自身所处的苦难地位,由于要摆脱这一地位,这促使他摆脱常识意义上的社会认识以及相应的虚假意识,能够通过批判更深刻地认识社会制度的本质,发现社会发展的方向。

建构主义由于唯智主义的立场,背离了实践观念,现实的人被从社会实践中抽象出来,作为超历史的认知主体在社会之外透视社会,从而忽视了科学语言对日常语言的依赖,忽视了理论对社会实践者实践知识的依赖，产生了科学语言与社会实在的外在关系。同时，忽视了社会制度中的不同地位以及由此产生的价值冲突的本质性差别，并进而产生了相对主义和不可知论。

第4章 价值中立的可能性问题研究

本章在方法论意义上探讨价值中立的可能性问题。社会科学的对象是人类有目的的行为以及由此产生的社会秩序、社会结构和规律，因此，相对于自然科学，社会科学就具有如何用语言把握人类行为的意向性这一独特问题。本文尝试以此为切入点，分析社会科学价值中立原则是否可能。以迪尔凯姆为代表的实证主义和以韦伯为代表的解释学派是西方社会科学的主流传统，二者都坚持价值中立，但有重要的区别。实证主义坚持自然科学方法可以应用到社会科学中；解释学派坚持社会科学的特殊性，承认社会研究离不开对人的行为目的的解释，但可以把对社会事实中价值分析与价值评价区分。本章为了叙述方便，从问题入手，先分析实证主义把社会行为看作物的可能性，其核心是统一的科学语言是否可能，以及这种统一的科学语言所依据的假定。再分析解释学派把价值分析与价值评价区分是否可能。在此基础上，揭示社会科学的双重解释特征以及由此产生的社会的双重维度，它既是认知符号体系，也是意义的符号体系。也正因为这个原因，西方社会科学作为资本主义世界体系中心地区产生的地缘文化，是维护西方霸权地位的知识体系和意义体系。

4.1 从语言看价值中立原则是否可能

4.1.1 自然科学方法是否能应用于社会科学

价值中立原则的第一个立足点就是实证主义的统一科学纲领。这一纲领认为自然科学是人类理性的最高体现，是一切科学的典范。一切科学要想成为"科学"，必须运用自然科学的方法。因此，像自然科学一样，一切科学都是价值无涉的，社会科学当然也不会例外。

逻辑实证主义严格的语言分析为这一科学观念提供了强大的支持，其核心就是要提供能够应用于一切领域的统一的科学语言。逻辑实证主义认为这种语言就是物理语言，它是主体间的语言，这种语言对每一个人都具有相同的意义，每个人都能理解它。这种语言只规定事物之间量的关系。同时，逻辑实证主义以逻辑原子主义为出发点，把单个的语句视为语言分析的基本单位来分析句子的意义。它坚持语言图像说，一个句子就是反映某一事物的某种状态。所谓真，就是句子表达的内容与所描述的对象一致。而句子表达的内容没有相应的可验证的经验对象时，这个句子就没有意义。依据逻辑运算，从原子命题可以建构出分子命题，而分子命题的真值就依赖于原子事实的真值。这样，逻辑实证主义凭借着内在于语言的逻辑结构建构出世界的逻辑结构。在逻辑实证主义看来，价值陈述与经验事实陈述是完全不一样的。价值陈述只是在表达一种情感，表达一种祈使命令。因此，涉及价值的陈述都是无意义的。这样，凭借严格地经验证实原则，任何涉及价值因素都被严格的排除在科学之外。从这种严格的科学纲领来看，任何超科学的价值因素进入社会科学，都会损害社会科学的客观性。

但是，在逻辑实证主义的晴空中，却飘着一朵阴云，这就是意向性问题。"意向性是心智的关指能力，通过这种能力，心智指向或者关于、论及、针对心智以外的世界，它一般表现为信念、愿望、恐惧等等不同的意向性状态。"[①] 人的社会行为都是为这种意向性心智所支配的。因此，在这种情况下，就出现了语言如何把握意向性的问题，而正是这一点，使严密的逻辑实证主

[①] 刘景钊：《心智关指世界的能力》，中国社会科学出版社，2005年，第1页。

义的科学语言纲领出现了棘手的问题。

人类行为的意向性表现在语言中是这样一些命题,"A 相信 P"、"A 思考 P"、"A 说 P"等等。这些命题都是复合命题,命题中还包含着子命题。这种命题有一个显著的特征,就是整个命题的真假并不依赖于子命题,子命题是假的,整个命题仍然是真的。例如,"这世界上是有鬼的"这是一个假命题,但是,作为分子命题,"A 相信 P",即"我相信这个世界上是有鬼的"却是真命题。但是,根据逻辑实证主义的逻辑规则,原子命题是假的,分子命题必定是假的或是无意义的。在用科学语言把握人类意向性这一问题上,逻辑实证主义陷入了困境。

为了坚持逻辑实证主义的纲领,著名哲学家维特根斯坦采用了这样一种策略,① 就是在陈述中取消人类活动中这种目的性、对外界事物的指向性。他认为,"'A 相信 P'、'A 思考 P'、'A 说 P'都是'P 说 P'的形式:这里涉及的不是一个事实和一个对象的相关,而是借助于对象相关的诸事实的相关。"② 德国哲学家阿佩尔敏锐的指出,维特根斯坦实质上采取了一种"意向性自然主义立场……把人类主体对命题意义的断言视为两个简单对象之间的关系;这样就可以把信仰命题当作对事实的基本描述……把所有命题都还原为一种借助于真值函项的逻辑对外部世界的原子事态的描述。"③

在这里,维特根斯坦采取了一种无主体的方法,把主体与客体的意向性关系转变为客体的自身呈现。王晓升先生认为:"这里的 A 不是主体,而是思想中诸因素的集合。思想中诸因素的

---

① 严格地说,维特根斯坦并不属于逻辑实证主义,但是他的前期思想对逻辑实证主义影响极大,他的《逻辑哲学论》被维也纳学派的哲学家研读,是逻辑实证主义的精神导师。他的前期思想可以说是逻辑实证主义的基本思想。
② [奥]维特根斯坦:《逻辑哲学论》,商务印书馆,1996 年,第 82 页。
③ [德]阿佩尔:《哲学的改造》,上海译文出版社,1997 年,第 12 页。

集合作为一个事实是各种命题的集合。"①

这种方法必须从维特根斯坦的先验唯我论来理解。在维特根斯坦看来,这里的主体不是生活中认识的、生物的、心理的和社会的主体,而是先验的语言主体,维特根斯坦把语言视为人类认识的先验条件。语言是一种图像,语言的逻辑结构将这些图像结合起来就成为世界的图像,语言的逻辑结构就是世界的逻辑结构,从而,他认为,"5.6 我的语言的界限意味着我的世界的界限。"② 但是,由于语言的逻辑结构是构建世界的先验条件,所以,语言的逻辑结构是不可说的,只能呈现出来。因为,当我们要把握主体的时候,主体已经变成了客体,我们永远无法把握主体。更进一步,主体语言的逻辑结构是无法把握的,因为它是把握一切事物的前提条件,所以,它本身是无法作为客体来研究的。如维特根斯坦所说:"5.633 在世界上哪里可以找到一个形而上学主体呢?你会说这正好像眼睛和视域的情形一样。但是事实上你看不见眼睛。而且在视野内没有任何东西使得你推论出那是被一只眼睛看到的。"③

因此,"5.63 我是我的世界。(小宇宙)5.631 没有思考着或想象着的主体这种东西。……这是一种孤立主体的方法,或者不如说,是在一种重要意义上表明并没有主体的方法。"④ 在这种方法中,主体消失了,转换为没有广延的点和与之相对应的实在。当我们说"A说P"时,A是先验的语言主体,我们也可以把它看作无广延的点,更进一步,把它看作与这个无广延的点相

---

① 王晓升:《走出语言的迷宫—后期维特根斯坦哲学概述》,社会科学文献出版社,1999年,第325页。
② [奥]维特根斯坦:《逻辑哲学论》,商务印书馆,1996年,第85页。
③ [奥]维特根斯坦:《逻辑哲学论》,商务印书馆,1996年,第86页。
④ [奥]维特根斯坦:《逻辑哲学论》,商务印书馆,1996年,第85页、第86页。

对应的实在。也就是 P'。这个命题也就转换为"P 说 P"。这样，认识成为实在自身的呈现。

维特根斯坦希望以此来解决意向性问题给逻辑实证主义造成困难，把对人类行为的意向性陈述转换为对人的行为的外在观察，为统一的科学语言提供保证。但是，这种转化，取消了人类行为的意向性特征。这种意向性的消解是从两个方面进行的。一个方面是认识主体意向性的消解。因为，任何认识都是在一定的社会实践中，由于社会的需要或认识主体的兴趣产生的。在这种认识中，主体都是有目的的，有指向性。但是，在维特根斯坦的哲学中，这些因素完全消失了。主体只是语言的内在逻辑结构的代名词。另一个方面是客体的意向性同样消失了。社会科学所认识的都是在人的有目的的行为基础上产生的事物，而人的主观目的不能直接观察的。而通过维特根斯坦的策略，事物成为自我呈现。这样，当我们以语言把握人类的行为时，就可以应用物理语言观察外部行为，也就是用可以被经验证实的语言进行陈述。如，某人想摘苹果吃，就必须转化为，某人的手伸向苹果。这样，就解决了统一的科学语言与人类行为中意向性的矛盾。

在这种转化中，现实生活中的认识主体转换成为先验的超时空的语言主体。科学语言的主体间性就依赖于语言中的这种先验逻辑结构。由语言中共同的逻辑结构产生共同的认识。但从另一个方面说，所谓主体间也就没有必要了，只要遵照科学语言，就会形成科学认识。这样，主体的先验化取消了主体间的问题。同时，也就取消了主体间的互动。换句话说，这就意味着"一个人"可以认识世界。所以维特根斯坦的策略本质上是方法论个人主义。

但是，这种处理方式实质上是把人类行为方式作为与自然没有原则区别的物来对待。而这也正是实证主义社会科学的核心特征。社会学家迪尔凯姆曾作过经典的论述，那就是："要把社会事实作为物来考察"①。(在这里,迪尔凯姆所说的"物"不是自然物,而是能从外部给个人以约束的行为方式。)在此基础上确立现象的因果联系。这一观点对后来的社会科学产生了重要影响,成为现代文化科学,人种学、文化人类学和社会学中的主要倾向。这种倾向用自然科学的方法建构社会科学,主张对整个生活语境进行客观描述,而不是对外来文化的文献和它的生活表达进行直接的移情式解释,通过这样一种有意识的疏离化来获得客观标准,避免移情式想象所造成的偏见和草率结论。

但是,事实证明,逻辑实证主义这种努力失败了。人们越来越认识到,从外部观察不能真正地认识社会。因为,人类行为受意向性支配,但意向性后面是历史中形成的文化世界。人类意向性表现着一种传统、规则、制度的内在因素,这确实是一种外在的制约,但是,绝对不同于受因果规律支配的自然规律。人的行为是有目的的遵守规则、运用规则的行为,仅仅靠外部观察是不能理解人类行为的。举个例子,两个人聊天,忽然其中一个人端起茶,另一个人起身道别走了。了解中国传统的人都知道,这是中国清朝时端茶送客的传统。一个人端起茶是遵守这一习惯,表达自己不想和那个人聊天了这一目的。但是,不了解这种规则,不理解这个人的行动目的,仅靠外部的观察绝对不可能真正认识这一社会行为。也就是说,迪尔凯姆把社会事实作为物,主张"对事实的存在持完全不知的态度;事实所特有的属性,以及这些属性赖以存在的未知原因,不能通过哪怕是最认真的内省去发现。"② 这一点是行不通的。

因此,社会科学和自然科学是有原则上的区别,社会科学涉及对人类行为目的的解释。文化人类学家格尔兹在他的经典论文

---

① [法]迪尔凯姆:《社会学方法的准则》,商务印书馆,1995年,第35页。
② [法]迪尔凯姆:《社会学方法的准则》,商务印书馆,1995年,第7页。

《深描》中指出,仅仅对人的活动进行描述是不够的,必须研究行动后面的意义背景,才能真正认识社会。"我们的双重任务是揭示使我们的研究对象的活动和有关社会话语的'言说'具有意义的那些概念结构"。①

同样,人类的认识活动也是从社会实践中产生的,它同样是一种意向性行为。它是主体对客体的意向性行为,同时,它也是一种主体间的意向性行为,而这些行为必须依赖于日常语言。

逻辑实证主义认为物理语言是科学性的保证。但是,在真正的科学活动中,物理语言必须转化为现实生活中的描述感觉经验的日常语言。因为科学家在科学活动中必须通过感觉经验把握对象,而感觉经验又是内在的。所以,为了能为其他科学家所理解,科学家之间必须通过日常语言来确定概念所把握的经验内容。同时,抽象的概念定义也必须依赖于日常语言。比如,爱因斯坦在解释相对论中的相对性的概念时,他就是通过用日常语言描述火车上不同位置的人对信号灯的感觉来说明这个概念。所以,物理语言的应用必须依赖于科学家之间日常语言的应用。

科学活动也是一种社会活动。它不是一种孤立个人的、被动的镜像反映,而是主动的行为,是科学家的社会活动。美国学者迈克洛斯基通过对社会科学家作品的研究,指出,"科学是意向性写作的一个实例,其意向是说服别的科学家"。② 科学不仅仅是主体与客体之间的关系,而且也存在主体与主体之间的关系。社会科学家希望得到荣誉、被关注、称赞,自己的作品被出版,而语言是达到这一目的的手段。从这个意义上说,科学是一种说服他人的活动。任何从未引起人们关注的科学认识是没有意义

---

① [美] 格尔兹:《文化的解释》,上海人民出版社,1999年,第31页。
② [美] 麦克洛斯基:《经济学的花言巧语》,经济科学出版社,2000年,第3页。

的。所以，无论什么样的科学，都包含着修辞学。通过修辞学，科学家向自己的听众证明自己的观点，让自己的听众接受自己的观点。迈克洛斯基提出，事实、逻辑、隐喻和故事是科学修辞学四元素。任何科学都包含这四种元素。而逻辑实证主义只承认"事实"和"逻辑"，否认了其他两个因素，从而维护人工的物理语言。但是，在迈克洛斯基看来，逻辑实证主义这种追求本身，就是一种说服听众的修辞技巧，这些"科学家的相应技术可以称之为'代表实在'或'隐蔽的判断'……科学家会说，不是科学家的我在说，而是实在自己在说。"[①]

逻辑实证主义所追求的统一科学的人工物理语言，不能真正把握作为认识客体的社会行为的意向性，同时，也忽视了认识的主体间维度，忽视了科学语言运行的日常语言的平台、科学语言对日常语言的依赖性。实质上，这是忽视了人类科学活动的社会性，从抽象的个人来理解科学活动，把科学活动从人类实践中给裂开了。

4.1.2 价值的描述是否能离开价值的评价

以韦伯为代表的一些社会科学的诠释学派思想家认为，社会科学与自然科学有着本质区别，社会科学必然涉及解释人类行为的目的。就此而言，社会科学研究的对象实际上是一个文化的世界，一个价值的世界。只有在一定的价值视野中，社会的事实才会呈现出来。研究者才会获得研究的方向和材料。同一部《红楼梦》，才子看到风流，医家看到药，卫道士看到淫乱，不同的价值出发点会看到不同的事实。因此，韦伯认为，社会科学是价值关联的。"'价值关联'这一用语仅仅指那种对特殊的科学'兴趣'的哲学解释，这种特殊的科学兴趣决定了对特定课题的

---

① [美]麦克洛斯基：《经济学的花言巧语》，经济科学出版社，2000年，第9页。

分析和经验分析问题的选择……它表明文化的（即评价的）兴趣为纯粹的科学工作提供了方向。"① 价值关联是社会科学成为可能的前提条件。但是，韦伯认为，必须把对价值的描述与对价值的评价区分开，这是价值中立原则的第二根支柱。

但是，从当代语言哲学的角度，韦伯的观点存在着内在矛盾，对价值的描述与分析与价值的评价截然的区分是不可能的，对价值的描述分析必须以价值的评价为前提。

人类的语言是社会的产物，正如马克思指出："语言和意识具有同样长久的历史；语言是一种实践的、即为别人存在因而也为我自身而存在的、现实的意识。语言也和意识一样，只是由于需要，由于和他人交往的迫切需要才产生的。"② 语言是由于实践、交往的需要而产生，并随着实践和人类交往而发展。因此，语言的性质、意义必须在社会历史中才能理解。现代语言哲学的发展也正体现了这一点。早期的语言哲学致力于一种所有科学都适用的人工语言。它的核心是句法学和语义学。句法学研究的对象是指号之间的关系，是形式化语言的逻辑结构，而语义学是研究指号与所表达的外部客体或事态的关系，探讨命题或命题系统如何在语义上表达事态。而现代语言哲学的重心转向了语用学，它是研究指号使用者和指号的关系。这样，语言又重归生活世界。在此基础上，可以在人类社会实践的语境中审视社会科学中的语言问题。

在语言哲学的语用学转向中，社会科学的双重解释特征被揭示了出来。

人类的社会行为是遵守规则的行为，这是从上个世纪70年

---

① ［德］马克斯·韦伯：《社会科学方法论》，华夏出版社，1999年，第120页。
② 《马克思恩格斯选集》第一卷，人民出版社，1995年，第81页。

代起诸多西方社会科学学派形成的共识。这些学派包括符号互动论、常人方法学、结构化理论、发生结构主义等西方社会理论，它们借助于实用主义、现象学、解释学和后期维特根斯坦哲学等思想资源对社会秩序的形成进行了深入细致的研究。它们都认识到，在人类活动的社会秩序底层有一个不言自明的符号世界，也就是生活世界，它为人的活动提供意义与规则。一般说来，社会活动者都具有关于这些规则的共有知识，它们都是不言而喻的，人们知道怎样按照这些共有的规则而行动。社会实践者利用这些规则，体现着这些规则，并在无意中发展着这些规则，社会秩序与社会结构也在这一过程中不断地被生产和再生产出来。

就此而言，社会科学要解释人的行为目的就必然依靠对这些规则的理解。当我们用语言把握社会行为的意向性时，必然涉及和依靠这些表达规则的语言。这是因为，人类是凭借语言参与社会活动，语言、生活方式和行为规则是紧密连在一起的。后期维特根斯坦的"语言游戏说"认为，语言的意义不在于它传达的内容，而是在于它的应用。社会哲学家彼得·温齐根据这一点对社会科学研究的语言特征进行了探讨。他认为，当我们用概念认定一种遵循规则的社会行为时，就是在学习理解这种规则，也就是学习理解这种生活方式，也就是用当事人自己的语言游戏来说明当事人对自己行为的理解。只有在这时，研究者才会具有这些概念。他认为，在社会科学研究中，"任何一种更具有反思性的理解，如果被看成真正的理解的话，就必须以活动者所具有的非反思性的理解为前提。"[①]英国社会学家吉登斯进一步明确提出，社会科学具有双重解释的特征。"正是从行动者对意义框架进行的积极建构和重构这一方面来说（由此行动者组织起他们的经

---

① [英]彼得·温奇：《社会科学的观念及其与哲学的关系》，上海人民出版社，2004年，第95页。

验),社会生活由构成它的行动者生产出来。社会科学的观念构型因此体现为一种双重解释,不仅关系到参与和领会普通行动者进行的社会生活生产的意义框架,而且关系到专业性概念设计的新意义框架内对此进行的重构。"①

这样,在社会活动者的解释概念框架和社会研究者的概念框架之间,生活世界中的那些关于社会行动规则的知识就成为使后者解释成为可能的前提。而这种知识中,就包含着行为者没有意识到的评价体系。因此,从规则的知识作为解释的前提来看,社会科学的价值关联,比韦伯设想的更为复杂,它不仅是使社会研究成为可能的前提,而且也是使价值分析、描述成为可能的前提。

就整体而言,一个社会总有被社会成员共同承认的规则(包括评价体系),但是,在不同的文化之间、不同的民族之间、不同的阶级之间仍旧存在着不同的、彼此冲突的、被视为理所当然的价值观念和行为规则。因此,在社会科学研究的解释过程中会出现两种情况。其一,社会研究者与它所研究的对象遵守相同的规则和评价体系,这时,在社会研究者没有意识到的情况下,他自身所具有的一些关于规则的知识就会作为理所当然的东西进入社会科学,从而使偏见、意识形态进入社会科学。其二,面对着不同的规则体系,社会研究者不得不在评价体系中进行行评价、选择。例如,对20世纪30年代的日本对中国发动的战争有如下的判断:日本发动了侵华战争;日本进入了中国;日本驱逐了东方殖民者,拯救了东亚。哪一种认识是正确的呢?要对这一事实进行正确界定,社会研究者必须对这些观点后面所依托的评价体系进行分析、评价和选择。只有在这个基础上,社会事实才

---

① [英] 安东尼·吉登斯:《社会科学方法的新规则》,社会科学文献出版社,2003年,第167页。

可能真正得到描述、界定。因此，对社会事实中的价值进行分析、描述必然包含着对价值的评价，前者以后者为前提。在这个意义上，把二者截然分开是不可能的。

因此，韦伯所坚持的方法论原则，即在社会科学研究过程中，把对价值的分析与价值的评价截然分开是错误的。当然，这并不是说可以对社会科学中的事实做任意的评价，而是要求社会科学研究者对自身依据的评价体系有自觉的反思。

在这里，必须要回应波普尔和阿尔伯特的观点。以卡尔·波普尔、汉斯·阿尔伯特为代表的新实证主义坚持价值中立原则，他们提出了两个比较有影响的观点[①]。一个是"客观语言"和"元语言"的关系问题，另一个是把"知识的语境"与"知识的内容"的关系问题。

科学的活动必须依赖于生活中的日常语言，或者说"元语言"。但是，汉斯·阿尔伯特认为，以此来否定价值中立原则是混淆了两个不同层次的话语。在一个给定的科学话语中，有两种不同层次的语言在运行，一个是元语言，如对事物进行命名的语言，在这里超科学的价值判断不可避免。另一个是客观语言。（物理语言是纯粹形式的、量化的语言，但它即使在自然科学中也是不充分的，所以，后期逻辑实证主义退而追求客观语言，这种语言包含着事物的性质）汉斯·阿尔伯特认为，在客观语言的层次上，科学必须是纯描述的。他认为："'客观语言的陈述中有增加知识的认知特征。'也就是说，'它们能够描述，解释、预测所分析的个人和团体的价值，它们自身却不包含有价值的内

[①] Jay A. Ciaffa, Max Weber and the Problems of Value – Free Social Science: A Critical Examination of the Werturteilesstreit, (c) Associated University Presses, Inc. P32.

容.'"① 在这一点上形成了经验社会研究的价值中立的原则。

但是,汉斯·阿尔伯特的观点有两点错误。第一,这种观点把客观语言与元语言截然分开了。在科学活动中,日常生活中实践者的语言与客观语言的关系不是两个不同领域活动的关系。在科学活动中,日常语言是科学语言的逻辑前提,没有这种元语言,科学语言就不能真正地描述事物。在科学活动中,元语言的作用贯穿于整个科学活动中,而不是仅仅在某个层面发挥作用。第二,汉斯·阿尔伯仍然把语言理解为一种中立的工具,它能描述价值,但自身却没有价值,语言是一个纯载体。这种观点本质仍旧局限在语言图像说之中。仍旧局限在语言与描述对象之间的关系中理解语言,忽视了语言的社会维度,忽视了语言与社会更深层的关系。

另一个观点是"知识的语境"与"知识的内容"的关系问题。新康德主义坚持文化科学或社会科学是价值关联的。只有在一定的价值前提下社会事实才能呈现。在这之后,卡尔·曼海姆把社会科学与阶级利益联系起来形成知识社会学,人们开始关注科学产生的外部因素如阶级背景、社会背景、心理和语言,并且认为社会的因素、阶级的因素不可避免地进入社会科学,并由此质疑社会科学的价值中立原则。

卡尔·波普尔对此坚决反对。他认为,以上观点混淆了两个层次的问题,"知识的语境"是科学的心理的、社会的起源问题,是社会科学发生论层次上的问题,而价值中立原则是社会科学方法论层次上的问题。波普尔承认,只有围绕着某一问题,才能选择材料,进而进行科学研究。但是,前者是科学活动的准备阶段,科学研究一旦开始,就要遵循价值中立原则。他将前者称

---

① Jay A. Ciaffa, Max Weber and the Problems of Value – Free Social Science: A Critical Examination of the Werturteilesstreit, (c) Associated University Presses, Inc P33.

为"知识的语境"问题，后者称为"知识的内容"问题。在科学活动的程序中有一个科学与非科学的中断。

但是，波普尔忽视了这样一个问题。价值关联是一个选择性原则，但是，更是一个构成性原则。价值关联作为选择的原则，将特殊的事实选择出来，但是，这并没有结束，价值作为引导文化研究的原则，同样也有建构原则的功能，具体的事实在这一原则下被建构起来，形成了认识客体，它渗透于整个科学过程。社会科学的客体是在一定的价值观的指导下建构的，而不是对一个既成的社会客体的简单描述。

新康德主义在这一点上是正确的。由于对社会的关注不同，人们所收集的材料自然不同。同时，由于问题的关注点不同，其方法论框架也会不同。例如：马克思和迪尔凯姆是社会科学的著名代表人物。马克思从被压迫阶级出发，力求世界革命化。马克思从把生产力与生产关系看作社会的基本矛盾，二者从适应走向不适应，在这个过程中社会出现危机，危机是新社会可能性出现的标志，是一个社会内在结构发展的必然现象。而迪尔凯姆具有保守主义倾向，力图维护欧洲的现存秩序。迪尔凯姆的社会是一个结构功能主义的有机体，各个部分都是由于社会结构功能的需要而产生的，并发挥着自身的功能，社会的各个部分是和谐的，任何危机的出现都是社会的一种病态，功能失调，需要去救治。可见，从不同的关注点出发，人们会选择不同的材料，构建不同的理论框架，运用不同的方法论，并呈现不同的社会实在。因此，社会科学中的价值关联原则，并非简单的选择性原则，它更是构造性原则。它贯穿于科学活动的整个过程，而不是只仅仅停留在准备阶段。

总之，从用语言把握人类行为的意向性来看，在价值关联与价值中立原则之间，存在着更为复杂的关系，简单地对二者进行划分是不可能的，把价值判断与价值分析截然区分开也是不可能的。

4.1.3 价值描述是否能与价值判断截然分开

即使价值的描述不能离开价值的评价系统和对相互冲突的价值系统的选择,但是在获得价值陈述之后,就要避免对陈述进行评价,避免从其中推导出"应该"。这是价值中立原则最后的防线。

但是,在社会科学中,当人们的行为被放在一个评价的体系中定位时,对事实的描述就不可避免地使用价值语言。这时,也就必然会出现从事实陈述向价值判断的过渡,必然指出人类行动的目标,也就是"应该"的问题。

任何社会科学都避免以主观的好恶来扭曲事实。这里的关键是,当我们确定一个社会事实时,是不是能够逻辑地引出一个合理的行为目标,也就是"应该"。社会科学中的实证主义学派和解释学派都否认这一点,它们都把价值判断看作是一种情感的表达,没有描述的功能,没有认知意义。

但是,对价值语言的研究表明,"价值语言的基本特征是其规定性;人们使用价值语言的目的便是规定各种或指导各种行为,从这个意义上说,价值语言也是规定语言。"[①] 这里的规定语言是指给人们提供某种指令的语言,它既具有描述性意义,又具有评价性意义。例如,"张三是个好人。""好"是一种评价。但是,这个"好"必须建立在一些事实之上,例如,这个人工作勤恳努力,经常做好事,乐于帮助别人,对家庭有责任感等等。没有任何事实基础的价值判断是不可能的。因此,价值语言中包含着描述性特征。同时,价值语言中也能够为人类行动规定方向,指出"应该"。当我们说,"1937年日本对中国发动的战

---

① [英]理查德·麦尔文·黑尔:《道德语言》,商务印书馆,1995年,第4页。

争是侵略"。在这种判断中，无可否认是对事实的描述，但是，对"侵略"行为的描述，实际上是以国际行为准则为标准对日本的战争行为进行的本质概括，同时，也是依据这个规则对日本的战争行为进行的价值判断。一旦这个价值判断成立，被人们认可，那么，作为价值语言的另一个属性，即它的规定特征就会显示出来。我们就可以合乎逻辑地推断出来，日本政府必须对这一战争罪行进行深刻的反省。但是这种过渡并非像逻辑实证主义所认为的那样，是一种主观情绪的表达，而是符合逻辑、有科学依据的结论。

　　价值语言这种描述功能与评价功能的统一，来自人类活动的实践活动。实践是人类改造外部环境的现实活动。人类活动总是为了生存发展的需要来改变外界事物，在这个过程中，人类必须遵循两个尺度。一方面必须遵循外界"物"的尺度，遵循外部的客观规律。另一方面也遵循"人"的尺度，价值的尺度。因此，在实践活动中，主体和客体间是一个双向互动的辩证过程。这种互动活动的一个方面是客体主体化，实践客体的性质、规律不断地为主体所认识，主体的本质力量不断提高。另一个层面是主体客体化，作为主体的人不断地认识外在规律，同时不断地改造外部世界，外部世界按照人的需要发生了变化，人给外部世界打上自己的痕迹。这种主体客体间的双向运动是一个历史的过程，在一次实践活动完成后，新的实践活动又会开始。这时主体和客体都发生了改变，产生了新的需要和新的外部条件，主客体之间的活动要在新的条件下重新开始，并不断地循环往复，人类社会也在此过程中不断发展。所以，价值就是人类这种双重活动的一个方面，使主客体动态统一的一个层面。"价值的本质，是指'客体主体化'的过程、结果及其程度，是一种'以主体尺度为尺度的主客体关系'"①。在这个价值活动过程中，人的需要、目的不断地实现，不断从"评价"的因素向"事实"的因素转化。在此基础上形成了与社会的物质结构相对应的观念世界，包括各种分类系统，包括认知图式和评价图式，其实就是前面所提到的行为的规则。而价值语言正是从这种实践过程中产生的，它记录着这种主体客体化的过程。因此，在价值语言中，评价的功能是与描述的功能不可分割的。

例如，我们现在描述一个人，说："张三有开拓精神。"这是对一个人性格特征的描述，大家对此已经习以为常。但是，当我们从历史的进程来看，这里面就存在着从价值评价标准向价值事实的转化过程。在计划经济年代，人们更认同"兢兢业业的螺丝钉"精神，"勤勤恳恳的老黄牛"精神。因此，在改革开放之初，人们提倡"开拓精神，竞争意识，风险意识"。也就是"你应该敢于开拓进取，要敢于竞争，要敢于冒险"等这样的行动规范。随着这一价值标准逐渐为人们所接受，社会中具有这样性格的人越来越多，它的评价的色彩越来越淡，而描述价值事实的色彩越来越浓。人们更多地把它看作一个价值事实，而忽视了它的评价尺度。就人类的行为而言，评价的标准总是不断地为人所接受，转化为人的道德，转化为人的行为特征。因此，对行为的描述与行为的评价是紧密联系在一起的。

所以，正是价值语言的双重特征，社会科学的价值事实陈述可以逻辑地推出价值判断。

自休谟以来，许多哲学家都把价值判断看作主观情感，从而形成了事实与价值的两分的困境。这是一个错误，其误区就在于仅仅从个人的欲望、情感出发理解价值，理解道德，同时又把情感欲望理解为人的自然本性。当我们把人放回到社会的脉络之

---

① 李德顺：《价值新论》，中国青年出版社，1993年，第55页。

中，事实与价值的困境也就消失了。在特定的时代，在一个社会中总是存在客观地为大多数人接受的价值观念。社会中的人必须经过社会化，把这些观念结构不断内化为一种自然而然的习惯，这时，社会才是可认识的、可理解的、有意义的。实际上，人的情感、欲望背后就是在个人身上社会化的价值体系。从单纯的逻辑来说，从单个的句子来说，不能合理地从事实推论出价值。但是，人是生活在社会中的现实的人，人们不是从事实中推出合理的判断，而是一个特定时代的客观的、大多数人认可的价值观念已经在个人之前就存在了，人们是从特定的价值体系出发来描述事实，而不是仅仅从事实出发推出合理的价值。即使是面对事实的主观情感，其后面也存在着社会客观的价值体系。

认为价值是不能合理化的，这本身也是一个错误观点。这种观点把人的评价活动与人的实践活动分开、割裂开，抽象地谈价值、人的目标，而不是把人类的活动放到实践的历史过程中。人类总是从特定的历史环境出发提出自己的目标，并在社会历史的发展进程中不断修改自己的目标，这是一个不断学习的过程。人们对社会目标产生的条件、社会目标产生的结果进行经验研究，通过主体之间的交往、学习，使社会的价值合理化。西方学者总是希望从抽象的理性中获得绝对价值、永恒的价值，一旦这种目标不能达到，就立刻从绝对主义转向相对主义，从个人出发，把价值看成人的主观愿望。这二者的问题都是把价值活动从人的实践活动中、从社会历史中抽离出来产生的困境，忽视了价值的社会性、历史性。

从语言和意象性的关系这个社会科学的独特性出发，社会科学的价值中立是不可能的。不管科学家自身如何理解自己的研究活动，社会科学中的价值、甚至是偏见涉入都是不可避免的。这些价值或偏见会体现在社会科学的结论中，并不可避免为人的行为指出方向。因此，社会科学家应该具有一种反思意识，不断审视自身的价值前提，维护社会科学的合理性。

4.2 社会科学的双重维度

前面已经论及，社会科学研究具有双重解释的特征。一方面是社会行为者的意义框架，这些框架是由日常语言来表达的。另一方面是社会科学家的解释框架，这是由专家的科学语言组成的概念框架，专家的概念框架是以社会行为者的日常语言为前提的。正是由于社会科学研究中这种双重解释特征，导致了社会科学的双重维度。一方面，它是反映社会行为、结构、关系的符号体系，另一方面，它也是维护社会权力结构的符号体系。

4.2.1 社会科学的构成性特征

人的社会行为是遵守规则的行为。对规则的认识不是抽象的概念和理论，而是在特定的情境下利用规则，体现这种规则，所以，遵循规则也是一个不断学习的过程。社会秩序和社会结构就是在这个过程中被不断地再生产出来。正是由于这种规则的存在，社会对行为者才成为有意义的，他人的行为才是可以预测的。在这个意义上，社会是一个意义的构造物。因此，语言是人类行为的中介。正因为这个原因，社会科学必须具有解释学特征，而这种解释必须以与规则和生活方式紧密联系在一起的日常语言为前提。这里就会得出社会科学的重要特征，就是它的构成性特征。社会科学在描述社会的同时，也在不断地再生产这一体系。

规则这一概念，是由后期维特根斯坦提出的。在西方社会理论中，不同的流派对这一概念有不同的称呼。现象学派称之为自然态度，迈克尔·波兰尼称之为意会知识，吉登斯称之为共有知识，布迪厄称之为惯习。但是，不管是维特根斯坦还是西方的文化社会学，只局限于把规则作为一种意义框架、一种意义中介来讨论社会行动者如何遵循规则来行动、形成社会秩序。但是，它们对规则的社会基础,对规则的形成以及规则的转化的机制却不作探讨。

规则是与特定的生活形式联系在一起的。生活形式是德国心理学家斯普朗格在1922年提出的,表示人在认识世界的过程中确定价值方向的方式。从广义的,生活形式是指"生活的方式,或者说生活的模式、样式、风格、习惯等。"① 对于个人而言,生活形式都是给定的。社会确实是一个意义的共同体,人们通过语言参与社会行为,形成人与人之间的互动。但是,一个社会不仅仅是一个意义的共同体,人们要通过社会活动不断地获得生活资料,并在此基础上形成了社会的经济结构和政治结构,权力在其中发挥着巨大作用,规则作为社会行为的标准,必然离不开经济政治结构中权力的因素。

法国社会学家布迪厄"惯习"这一概念,实际上与"规则"的含义相同。他认为:"所谓惯习,就是知觉、评价和行动的分类图式构成的系统,它具有一定的稳定性,又可以置换,它来自社会制度,又寄居在身体之中。"② 惯习有如下特性:惯习首先既是个人的,又是社会的。它通过将取得的各种经验整合在一起作为评价、认识、行动的母体发挥作用。正是社会的规范结构化为的惯习,对个人来说,社会活动才充满了意义。第二,惯习又是含混和模糊的,它是一种情感倾向。它只是在特定的条件下展示出来。现实中的人不是深思熟虑,更多的是依靠惯习,即使采取行动。行动者未必是理性的,其结果却是合情合理的。这样,社会呈现一种合规律性与合目的性。第三,惯习是稳定的,不断

---

① 王晓升:《走出语言的迷宫——后期维特根斯坦哲学概述》,社会科学文献出版社,1999年,第444页。

② [法]布迪厄,[美]华康德:《实践与反思》,中央编译出版社,1998年,第170页。

将内化的规范展现出来,强化这种规范。总之,惯习包含着认知图式和评价图式,它是前反思的,不言而喻的,不能用概念明确表达的知识,既是共有的,又是个人的情感倾向。

从布迪厄的分析来看,惯习是联系社会结构和观念结构的中介,它化为个人身上与情感联系在一起的认知图式、评价图式。通过惯习,符号结构与社会结构相对应,并赋予社会结构以意义。但是,在日常生活中,它们作为一种社会行为者的背景知识,往往为社会行为者所忽视。就像空气是人生存所必需的,但是,在日常生活中,谁也不会意识到它的存在。

由于社会科学的解释是以实践者关于规则的知识为前提的,换种说法,就是社会行为者的惯习中的认识图式和评价图式,因此,社会科学就不可避免地具有双重维度,它既是认知的符号体系,又是维护社会结构和秩序的符号体系。这是因为,在同一个社会中,社会研究者就是社会中的一分子,他与其他社会行动者具有相同的惯习,惯习中认知图式和评价图式为他们所共有。因此,作为社会研究成为可能的前提,这些前反思、个人情感化的、不言而喻的认知图式、价值观念、甚至偏见就会进入社会科学成为社会科学中的无意识。

在这时,社会科学也就是在不断地加强、再生产这些认知图式、评价图式。前面说过,社会实践者在应用着这些知识时,他们体现着这些知识,并再生产这些知识,也同时生产与再生产社会秩序。所以,当社会科学反映着社会的结构、关系、秩序和人类的社会行为时,如果它不能对作为理解前提的惯习进行反思,那么,社会科学也在无意间再生产着它所研究社会的结构和秩序。这时,社会科学一方面在描述、认识社会,另一方面,社会科学也无意间传达着与社会结构相对应的认知结构、观念结构,实质上传达着对这种社会结构的认识和理解。在这个过程中,社会科学就在不断地再生产这一主题。如果我们扩展视野,把社会科学作为一种社会行动,在一定意义上,它在无意间体现着它所在的社会秩序,再生产这种社会秩序。这就好比说话,任何言语行为都已已经存在的语言结构和规则为前提。人们在说话时,就是在遵守这一语言习惯,同时也是在体现着语言习惯。更进一步说,就是在不断巩固这一语言结构。

因此,当社会研究者没有对所依赖的认知图式和评价图式进行反思时,这些图式就会进入社会科学知识中,并在无意间强化着这些认知图式和评价图式,并进而强化着与它们相对应的社会结构。因此,社会学家吉登斯指出,"社会科学的'发现'并没有与它们所提出的'主题'隔离开来,而是总是重提或重塑其主题。"①

西方文化学派那样总是把规则理解为公共的,共享的符号理解为一种意义体系,将其作为社会交往中的中介因素,而忽视了规则的现实的社会基础,忽视了规则是在一个被操纵的过程中产生的。

马克思在探讨与社会物质结构相对应的上层建筑时指出:"统治阶级的思想在每一个时代都是占据统治地位的思想。这就是说,一个阶级是社会上占统治地位的物质力量,同时也是社会上占统治地位的精神力量。支配着物质生产资料的阶级,同时也支配着精神生产资料,因此,那些没有精神生产资料的人的思想,一般也隶属于这个阶级。"② 而这种观念的上层建筑并不是抽象地存在着,社会中的个人通过传统和教育承受了这些观点,形成了"在不同的占有形式上,在社会生存条件上,耸立着由各种不同的、表现独特的情感、幻想、思想方式和人生观构成的

---

① [英]安东尼·吉登斯:《社会科学方法的新规则》,社会科学文献出版社,2003年,第59页。
② 《马克思恩格斯选集》第一卷,人民出版社,1995年,第98页。

整个上层建筑。整个阶级在它的物质条件和相应的社会关系的基础上创造和构成这一切。"① 而社会中的个人会以为这些情感和观点就是他行为的真实动机和出发点。

因此,社会物质结构中的统治关系会渗透到社会的观念结构中,并进而渗透到个人的观念图式中、情感中。社会中的规则、或者如其他学派所说的惯习、意会知识、自然态度等等,并非无源之水。它们是在特定的社会结构中产生并与之相对应的观念结构,他们的产生是一个被操纵和被分配的复杂过程。布迪厄从社会结构和个人的心智结构之间的关系来共享的符号体系进行了独特的透视。他认为,社会生活具有双重客观性。"初级客观性包括各种物质资源的分配,以及运用各种社会稀缺物品和价值观念的手段;而次级客观性体现为各种分类体系,体现为身心两方面的图式,在社会行动者的各种社会实践活动中,如行为、思想、情感、判断中,这种分类系统和图式发挥着符号范式的作用。"② 这种次级的心智结构与初级的社会物质结构相契合,维护着社会结构中的权力关系,使其成为自然的和必要的,而不是种族、性别、阶级间特定权力平衡的历史产物。而社会生活中的惯习正是联系社会结构与心智结构之间中介。因此,在惯习中,潜藏着内化的社会的物质结构及其与其相应的权力结构。通过惯习,社会中的人们不自觉地不断生产着这种物质结构、权力结构。通过这些惯习,社会的物质结构和权力结构成为自然的、合理的。所以,符号关系对应着权力关系,又掩盖着权力关系。布迪厄把符号体系中的控制因素称为"符号暴力"③,统治集团可以通过符

---

① 《马克思恩格斯选集》第一卷,人民出版社,1995年,第611页。
② [法]布迪厄,[美]华康德:《实践与反思》,中央编译出版社,1998年,第7页。
③ [法]布尔迪约,J·C·帕斯隆:《再生产——一种教育系统理论的要点》,商务印书馆,2002年,第12页。

号强加一些意义，掩饰那些成为其力量基础的权力关系，使权力成为合法的。

所以，当惯习中的认知图式和评价图式作为前反思的知识成为社会科学中的理解前提，当人们对其缺乏反思和批判而成为一种无意识，那么，维护现存社会物质结构、权力结构的符号体系也就悄然地渗透进社会科学。换句话说，意识形态就会进入社会科学。这时，社会科学是在描述社会，但是，它更是在无意间以科学的形式表达着社会中的统治集团对社会的理解，因此，在这时，与其说在认识社会现实，不如说在认识社会的"意识形态"。通过这种形式，社会科学在不知不觉间把社会中的统治结构合法化、自然化了。

因此，在缺乏反思、批判的情况下，社会科学既是科学的认知符号系统，同时，它也成为维护权力结构的符号系统，而后者往往为人们所忽视。

4.2.2 作为地缘文化的西方社会科学

现代意义上的社会科学是西方社会特定语境下的产物。从社会科学的双重维度来看，它必然反映着西方现代社会的结构并维护着西方现代社会结构。对西方社会科学功能的审视要超越民族国家和地域的视野。这是因为，近现代以来，整个世界已经被纳入现代资本主义世界体系，而西方国家一直处于世界体系的中心位置。西方社会科学是与现代世界体系的内在需要相联系的，是与这一体系的内在结构相对应的一种知识体系，是维护着这一体系的地缘文化。

世界体系理论认为，当今世界是一个资本主义的历史体系，是在西方资本主义的兴起和不断地扩张的过程中而形成的，是一个以资本积累为中心和动力的历史体系。世界体系有其内在规则和结构，这种结构有两个层面。一个层面是由国际专业分工形成的中心地区与边缘地区的空间等级体系。中心地区的生产技术含量高，资本密集，劳动者工资水平高。边缘地区的生产技术含量低，是劳动密集和低工资地区。由于这种差异，在中心与边缘地区进行的是不平等交换，通过这种不平等交换，边缘地区工人创造的剩余价值通过交换流入中心地区。世纪体系的另一个层面是民族国家体系，在这些民族国家中有霸权国家。荷兰、英国、美国是资本主义世界体系中三个相继兴起的霸权国家。霸权国家与分工结构相对应，处于世界体系的中心地位。"这种霸权国家如果领导着主权体系朝着预想的方面前进，它便行使着霸权职能，而且在此进程中被认为是追求共同利益。"① 霸权国家利用经济、政治、军事、文化等各种手段维护自己的中心地位。

西方社会科学也正是为了满足世界体系的内在需要而产生的，是与中心国家利益和需要相联系的地缘文化。资本主义的世界体系以资本积累为目标和动力，这一进程导致了巨大的社会冲突。从西方社会来看，在法国大革命之后，一方面是保守势力为了自身利益拒绝变革。另一方面，"主权在民"这一资产阶级夺取政权的口号，被以无产阶级为代表的被压迫群体接过来，成为推翻资本主义的理论武器。同时，这一体系的扩张也引发了世界范围内反抗这一体系的运动。为了资本积累的需要，西方资产阶级一方面必须摧毁一切阻碍资本积累的社会因素，同时，又不能使社会变革危及资本积累机制。因此，作为西方主流意识形态的自由主义希望通过认识社会而控制社会进程，来维护和推动资本积累机制。而社会科学的兴起与世界体系中心国家的这一需要紧密相连。

正是在这一背景下，西方社会科学于19世纪中叶开始真正制度化，这也是欧洲在世界范围确立其霸权之时。制度化的过程

---

① ［意］杰奥瓦尼·阿锐基：《漫长的20世纪》，江苏人民出版社，2000年，第35页。

主要集中在西欧和美国的原因,众多主题和学科在这一时期提出。二战后,为了维护自身新的霸权地位,应对来自以苏联为首的社会主义国家的挑战,把新兴国家经济、政治和社会发展纳入以美国中心的世界体系中,西方社会科学体制出现了新发展。

可以说,自产生以来,西方社会科学不可避免地受到外部权力、金钱和社会因素的影响,社会意识形态不可避免地进入社会科学,并为社会的政治结构服务。

二战以后,一些科学发展中心纷纷涌现,它们一般都拥有资讯和技术,其资金都来自首先是美国和各国政府、各种基金会(主要以美国为基地),其次是某些跨国公司。来自政府和跨国公司的资金对社会科学的控制作用不言自明,即使是来自私人财产的基金会,也被限制在既有的社会权力框架内。美国社会学家刘易斯·科塞指出,基金会是美国独有的一种的特殊的现代机构,它的主旨是促使私人财产服务于公共目的。但是,在这一组织中,基金会的托管人"是一个代表某种'成就'价值和传统的精英集团。此外还须注意,基金会高级官员与华盛顿决策者过从甚密,并且他们在基金会和政府高级职位上经常互换。"[1] 基金会的审批机构是一种官僚机构,"它由代表美国主导价值观的负责高级事务的精英人士领导"。[2] 在这种制度框架下,与主流价值观念相冲突的研究选题并不会遭到公开的反对,而是被忽略掉了。

在社会科学研究中,符合统治者利益的社会科学才能成为主流。著名经济学家米尔达尔在谈到研究的外在因素时指出,"社会里有一些势力迫使经济学家不得不在自己的研究中得出一些同占支配地位的利益集团和偏见相适应的结论。……如果这些利益

---

[1] [美]刘易斯·科塞:《理念人》,中央编译出版社,2001年,第369页。
[2] [美]刘易斯·科塞:《理念人》,中央编译出版社,2001年,第373页。

集团在一段时间内完全保持不变，我刚才提到的传统就要维护这些利益集团，并得到这些集团的支持。"① 这种传统形成特定的规训体制，由教学、期刊、出版等系统组成，并在此基础上形成了统治话语。这些话语（Discourse）就是"一套在一定历史时空规限下相互联系的思想，它嵌在文本、言词和各种践行之中，关涉寻找、生产和证实'真理'的各种程序。"② 这种话语决定人们什么可以说，什么不可以说，以什么形式说，并由此维护着主流传统。任何颠覆主流传统、背叛主流传统社会的科学家都会受到主流思想的排斥，只有"背离传统观念不太远，又善于在框框内工作，能够丰富、修订和发展传统思想，他们就会得到报偿：在同事中显得有地位，尤其是在大学中取得教学和研究工作。"③

所以，在西方主流社会科学中，最声名显赫的人物未必是最深刻、最真实地认识社会现实的人，影响最大的学派也未必是最深刻、最真实地反映社会现实的思想体系，但它们必然是最符合统治者需要的人物和思想体系。

而最能代表这一点的就是古典经济学中的大师亚当·斯密。人们会想当然地认为，亚当·斯密在他所处的时代享有崇高地位，他的自由市场、自由贸易理论拥有巨大的影响力。但是，如果真正仔细地考察历史，就会发现事实正相反。

---

① ［瑞典］冈纳·米尔达尔：《反潮流：经济学批判论文集》，商务印书馆，1992年，第59页。

② ［美］麦克洛斯基：《经济学的花言巧语》，经济科学出版社，2000年，第3页。

③ ［瑞典］冈纳·米尔达尔：《反潮流：经济学批判论文集》，商务印书馆，1992年，第57页。

"现代经济学家总是过高估计了斯密的重要性。"① 在18世纪，亚当·斯密的经济学理念影响很小。在议会辩论中，人们很少引用他的著作，也很少有人读他的著作。1790年亚当·斯密去世时，《年鉴》只用了12行字来介绍他。只是到了19世纪初，《爱丁堡评论》开始推崇亚当·斯密，一些政治人物在议会里引用他的著作，他的著作才被广泛阅读。

而当时声名显赫的经济学家另有其人，它就是历史上最重要的古典政治经济学家之一——詹姆斯·史都华（James Steuart, 1712-1780）。他的代表作是1759年发表的《政治经济学原理探讨》，这是第一部系统的、完整的政治经济学著作。史都华身出名门，接受了良好的教育，曾经身居要职，是苏格兰的副检察长。年轻时，史都华在欧洲大陆游历了14年。这一时期，苏格兰传统社会解体，资本主义兴起。所以，史都华所处的时代、学养、阅历和位置，使他的政治经济学研究具有同时代的人无法比拟的高度与深度。后世许多声名显赫的大学者都悄悄地抄袭他的思想。有的学者认为，"斯密只是史都华的一个劣质翻版"②。可是今天，除了专业学者，已经很少有人知道这个名字了。

詹姆斯·史都华和亚当·斯密都是西方古典政治经济学的创始人，同是解释了资本主义的逻辑、起源，论证了资本主义的合法性，为何二人生前生后差距如此巨大呢？

史都华的问题就在于他的理论太真实、太深刻。资本主义的诞生需要一个重要的条件，就是大量的具有人身自由而又没有生产资料的劳动者，这就要求农民们放弃自给自足的生活方式，到

---

① ［英］迈克尔·佩罗曼：《资本主义的诞生—对古典政治经济学的一种诠释》，广西师范大学出版社，2001年，第185页。
② ［英］迈克尔·佩罗曼：《资本主义的诞生—对古典政治经济学的一种诠释》，广西师范大学出版社，2001年，第173页。

工厂里为了生活而工作。而农民们很少会自动放弃传统的生活方式。这里，就需要政府利用各种手段剥夺农民的生产资料，强迫农民进入工厂。这是资本主义原始积累的过程。政府在这个过程中发挥着重要作用。史都华对这一进程进行了深入、细致的研究，"很坦率地写出了资本主义的残酷本质，找出了迫使工人为别人创造剩余价值的真正力量，其中一个重要力量就是家庭自给自足经济的解体。"并站在统治者立场上，讨论政府在这个过程中所扮演的角色。史都华的著作并非不深刻、细致，而是太深刻、太细致了，把资本主义原始积累的过程血淋淋、赤裸裸的摆在那里。只有把他埋在故纸堆中，才能让人们遗忘这个血淋淋的原始积累过程。所以，他的研究被后人忽视了。

相反，亚当·斯密给这个过程戴上了温情的面具。资本主义的进程是在市场这一"看不见的手"的作用下，自然而然地发展起来的，这是一个自发的过程，政府甚至要退出这个进程，完全释放市场的力量。他的研究不是面对现实，而是充满猜测和奇闻轶事。这样，亚当·斯密一方面适应了资本主义发展的需要，另一方面，又巧妙地掩饰了这个过程的残酷性。亚当·斯密的声名不在于他的深刻和真实，而在于他非常聪明，知道别人想听什么，他应该说什么，知道如何去说。

西方统治阶级的政治、经济、文化力量影响、塑造着西方社会科学，而西方社会科学也是为其利益服务的。从资本主义世界体系来看，西方社会科学来自世界体系中心地区，是为属于中心地位的霸权国家的利益服务的。

西方社会科学产生的语境决定了它的基本特征。一个是以控制社会为目标而形成的实证主义主流传统，这一传统以自然科学为科学的最高形式，追求通过在社会科学中应用自然科学的方法来寻求普遍的规律。它坚持经验检验的原则，任何经验无法检验的陈述都被视为无意义，进而拒绝对最终原因的追问，而是以对社会现象的最大解释力和预测力作为标准。同时，社会科学家必须坚持价值中立的原则，超越于社会的冲突之上。这里蕴涵着对既定体制的认同，把人类特定历史阶段的特征理解为自然的、永恒不变的。社会科学只是局限于这一体制中，描述这一规律，运用这一规律维持现有体制，任何超越这一体制的研究，都被认为缺少经验根据，是非科学的。另外一个主要特征就是欧洲中心主义。西方社会科学是为了解决居于世界体系中心的西方国家的问题，从资本积累的角度看，它总是从中心国家的资本积累的利益出发来思考问题，其中不可避免地渗透着控制被压迫者和其他殖民国家的因素。

在西方社会科学的概念框架中，包含着一些未经证明的、不言而喻、想当然的假设，这些框架融汇了世界体系的中心国家对自身和对世界体系中其他部分的理解。它以欧洲眼光来看待世界，把特定历史条件下的现代世界体系自然化，合法化，认为欧洲因自身的某种特质迅速发展起来，体现着历史的目的和逻辑，认为所有的国家、社会都要遵循这一过程，按照西方的模式发展。从而掩饰着世界体系中心国家与边缘国家剥削与被剥削、制约与被制约的关系，掩饰着西方国家的发达与其他国家不发达的历史与现实的内在联系，掩饰着世界体系中的掠夺机制。

所以，作为世界体系中兴起的地缘文化，西方社会科学是与世界体系中不平等的政治经济秩序相对应的心智结构，既是一种认识的符号体系，也是统治的符号体系，它反映这一体系，将西方的体制普遍化，并不断地维护和再生产着这一体系。

第 5 章　超越价值中立原则

马克思主义社会科学是科学性和革命性相统一的社会科学，它的目标不是解释世界，而是改变世界，因此，马克思社会科学必然要超越价值中立原则。这一超越是在唯物史观的指导下，把社会历史理解为"现实的人"的实践产物，每一个社会都是特定的社会历史阶段，它由过去的历史条件发展而来，也必然随着这些历史条件的超越而不断向前发展。马克思主义社会科学所揭示的"应然"不是用来衡量事实的主观愿望或抽象的价值观念，而是社会历史发展的内在规律、发展的客观可能性和必然方向。马克思主义社会科学从事实出发，但又超越事实，把事实还原为社会历史整体过程中的一个环节，并由此去发现事实中蕴含的"应然"。在社会科学的研究过程中，马克思主义社会科学坚持价值性与科学性相统一，坚持对社会现实的批判，坚持对自身立场的反思，并最终从最广大人民群众的利益出发去认识社会，推动社会不断发展。

5.1　社会是在实践基础上的主体和客体的统一

不管是社会科学的实证主义传统还是建构主义传统，都把社会实在理解为与认识主体相对立的、非理性的、外在于人的实在，认识主体只是在社会之外，或者直观地描述社会实在，或者以不同的价值前提构建理想类型来理解它，但永远不能真正认识它。正是由于否定了认识社会实在内在本质的可能性，不可避免地产生了各种形式的不可知论。

但是，社会并不是真正外在于人的、不受人支配的"物"，从根本上说，社会是人类在实践中创造出来的，并随着人类实践不断发展的。或者说，人们所要认识的社会是主体的创造物。实证主义和建构主义的误区就在于，"对对象、现实、感性，只是从客体的或者直观的形式去理解，而不是把它们当作感性的人的活动，当作实践去理解，不是从主体方面去理解。"① 它们仅仅把主体性原则停留在认识论的维度上，忽视了主体和客体间的实践维度。因此，只有从马克思主义的实践观出发，把实践作为人与社会之间相互转化、相互渗透和相互贯通的桥梁，才能超越物化意识，真正揭示认识社会的可能性，揭示建构主义的错误。

5.1.1 社会是在实践基础上的主体和客体的统一体

在马克思主义的视野中，社会是人类实践活动的产物，实践活动是主体与客体、社会存在与社会意识辩证统一的桥梁。在社会认识中，社会事实不是孤立的材料，而是社会行为者面对环境所提出的问题并不断解决这些问题的过程，人与社会的关系必须从这里出发才能获得真正的理解。

理解人类社会的科学的出发点是现实的人，从历史来看，现实的人通过实践不断创造着社会历史，又创造自身。"全部人类历史第一个前提无疑是有生命的个人的存在"。② 正是由于人的这种生物性特征，人类必须从外部自然获取生存资料才能生存和发展。在这种人与自然的关系的基础上形成了人与人之间的关系，即人类社会。而经过社会关系为中介的人与自然的关系也转化为社会关系的一部分，人与自然的关系和人与人的社会关系共同形成了人类生活的外部环境。人类与这一外部环境总是处于辩证运动之中。人类的生存发展总是要产生一定的需要，而这种需

---

① 《马克思恩格斯选集》第一卷，人民出版社，1995年，第54页。
② 《马克思恩格斯选集》第一卷，人民出版社，1995年，第67页。

要不会自动地得到满足,总是与社会的现实环境发生冲突、矛盾。当人思考社会时,也是在思考自己如何行动来达到自己的目的。在这种思考中,既包含着社会运行的规律,又包含着主体的目的。所以,当他行动时,他既改变了外部环境,也改变了自身。在这一过程中,人获得了外部的知识,增加了自己的本质力量,获得和强化了自己的各种活动能力和活动手段,而这些力量、能力和手段又会产生新的需要。这是客体主体化的过程。同时,外部世界也随着主体的目的发生了改变,不断产生新的特征、因素和规律。这是主体客体化的过程。这样,在新的需要与新的环境之间又要产生新的矛盾,人又要在自己创造的新的环境下开始思考,开始新的行动。这样,以实践为中介,人与社会、主体与客体、思维与社会实在处于不断地辩证运动之中,社会与人自身也在这样的辩证运动中不断前进。"人创造环境,同样,环境也创造人。"①

从实践的客体来看,在现实的人的实践中产生的社会是一个矛盾统一体。人的生物性特征决定了人的生存离不开物质资料的生产,并在物质生产劳动基础上不断地生产出自己的社会生活,从而也创造各种社会联系,创造自己的社会本质。因此,与特定的生产力相适应的生产关系决定着、影响着其他社会关系。这一居主导地位的生产关系的总和形成了社会的经济结构,在它之上形成了社会的政治的上层建筑和观念的上层建筑。这个与现存生产力相适应的生产关系具有决定作用,它制约着整个社会生活、政治生活和精神生活。表面看来,一个社会丰富多彩、变化万千,但是,这些变化不定的外部现象都是由社会的内在结构所决定的,并表现着这一内在结构,使整个社会具有统一性和普遍性特征。正如马克思指出,"在一切社会形式中都有一定的生产决

---

① 《马克思恩格斯选集》第一卷,人民出版社,1995年,第92页。

定其他一切生产的地位和影响，因而它的关系也决定其他一切关系的地位和影响。这是一种普照的光，它掩盖了一切其他的色彩，改变着它们的特点。"①

在马克思主义看来，社会结构同时又具有内在矛盾，生产力和生产关系、经济基础和上层建筑是最根本的、具有决定作用的两大矛盾。正如马克思指出："把它当作以对抗为基础的生产方式来考察。必须指出，财富怎样在这种对抗中间形成，生产力怎样和阶级对抗同时发展，这些阶级中一个代表着社会上坏的、有害方面的阶级怎样不断成长，直到它求得解放的物质条件最后成熟。这难道不是说，生产方式，生产力在其中发展的那些关系，并不是永恒的规律，而是同人们及其生产力的一定发展相适应的东西，人们的生产力的一切变化必然引起他们的生产关系的变化吗？"② 正因为对抗因素，因为消极方面的存在，才引起历史运动。

再从社会实践的主体来看，人都是社会的人。"人的本质不是单个人所固有的抽象物，在其现实性上，它是一切社会关系的总和。"③ 人的现实存在总是包含着人对自然的关系的存在和人与人之间的社会关系的存在，现实的人就是在这些关系中产生和存在的。从现实人的活动条件来说，"人们自己创造着自己的历史，但是他们并不是随心所欲地创造，并不是在他们自己选定的条件下创造，而是在直接碰到的、既定的、从过去继承下来的条件下创造。"④ 人总是生活在特定的历史环境之中，他所在的社会中的生产力、生产关系、政治制度，他所处的社会阶级，以及

---

① 《马克思恩格斯选集》第二卷，人民出版社，1995年，第24页。
② 《马克思恩格斯选集》第一卷，人民出版社，1995年，第152页。
③ 《马克思恩格斯选集》第一卷，人民出版社，1995年，第56页。
④ 《马克思恩格斯选集》第一卷，人民出版社，1995年，第585页。

思想观念、风俗习惯、人进行理性思维活动的材料、形式、方式，甚至人用来进行思维的语言都是既定的。这些经济的、政治的和文化的现实条件都是相对稳定的成分，通过家庭、社会教育和人的现实活动逐渐内化在个人的身上，成为趋向和定式，引导和制约着人的现实的生活、活动，引导、制约人的创造和自我创造。在这个过程中，人成了社会的人，同时，社会也转化到了个人身上并规定着人的本质。因此，"个人是社会总体、人的社会的类存在的单个方式，个性是人的社会类特性、普遍社会本质的个别形式。而个人及其个性之所以能够以单个方式和个别形式表现人的社会的类存在、表现人的社会的类特征和普遍的社会本质，就在于他们是现实地生活和活动于一定的社会联系和社会关系之中，并且是这一特定的社会联系和社会关系的主体、承担者。"① 人通过实践创造着社会，与此同时，社会也规定着人的本质。

　　正是由于实践这一桥梁，作为社会主体的人和作为客体的社会是内在统一的。社会与人不是截然两分的。社会是人的创造物，在人的实践中产生、发展，但社会并不是在人之外的抽象的物，它就在人的活动中展示出来，在人的活动中不断发展。社会关系作为个人的存在方式，实际上就是这些个人的共同活动。法国社会科学家布迪厄对这一点作过细致的论述，这一研究可以看作是对马克思现实人的思想的深化。他认为，社会在个人身上的内化形成惯习。"所谓惯习，就是知觉、评价和行动的分类图式构成的系统，它具有一定的稳定性，又可以置换，它来自社会制度，又寄居在身体之中。"② 惯习既是个人的，又是社会的。它

---

① 夏甄陶：《人是什么》，商务印书馆，2000年，第136页。
② ［法］布迪厄，［美］华康德：《实践与反思》，中央编译出版社，1998年，第170页。

通过将取得的各种经验整合在一起作为评价、认识、行动的母体发挥作用。惯习还是一种相对稳定的含混和模糊情感倾向，它只是在特定的条件下将内化的社会规范展现出来，在此基础上不断地将现存的社会关系展现出来。同时，它又在新的实践条件下调整、形成新的规范。布迪厄的社会学研究再一次证明了马克思"现实的人"的思想的正确性。人与社会不可能截然分离，没有离开社会的抽象的人，人所在生产条件、生活条件、政治活动和精神活动都规定着人的本质。也没有离开人的抽象的社会结构。只有在人的活动交往中，社会关系、结构才能显现出来，才能不断发展。所以，从实践出发，从人与社会的辩证关系来看，社会是在实践基础上的主客体的统一体。

5.1.2 思维与社会存在的统一性

社会科学能否认识社会的本质这一问题实质上就是思维与社会存在是否具有真正的统一性的问题。西方社会科学在一定意义上都把社会存在理解为科学理性无法把握的非理性存在，从而否认了这种统一性。这种否定最根本的错误就在于忽视了主体与客体间以实践为中介的辩证运动。

人能够认识自己的创造物，这是由历史学家维科提出的极其深刻的思想，也是被人们广为接受的思想。康德思想在本质上体现的就是这一原则，人的理性只能认识自己的创造物，而与主体相异在的物是无法认识的。黑格尔同样利用这一原则来克服康德的"自在之物"，他把这一原则贯彻到底，提出客体就是主体，主体对外在客体的认识实际上是自我认识，并不存在真正与主体相异在的客体。西方社会科学把人的认识局限在人所建立的"理想类型"中，只是在认识论上把客体理解为人的理性创造物，这实质上重复了康德的错误，而忽视了社会作为客体本身就是人类实践的创造物。正因为社会是人类实践活动的产物，所以，在这个意义上，人对社会的认识就是对自身活动的认识。社会是在实践基础上的主客体的统一体,换一种说法,这意味着思维与社会存在是在实践基础上辩证统一的。

对思维和社会实在的辩证运动而言,思维是社会实践的一个重要环节。人类的实践活动都是要解决人类所面对的现实问题,一方面是主体的需要,另一方面是社会环境,二者处于矛盾之中,人类要不断通过实践来改变外部环境以满足自己的需要。在这个过程中形成了主客体的辩证运动,外部社会环境的规律为主体所认识,转化为人的本质力量,而外部根据人的需要发生了转变。在这种辩证运动中,人类对外部环境的认识是改变环境的重要依据。人的本质力量的发展会给人带来新的需要,而这又要与人类所改变过的新的外部环境发生矛盾,人类又要在对新的环境进行认识的基础上进行实践,实现自己的目标,产生新的主客体之间的运动。在这种不停地循环往复中,人对外部环境的认识,人对自身需要的理解,作为人类实践中的重要环节都发挥着重要作用。

正因为思维是社会实践的重要环节、中介,思维不可避免地成为社会实在中的一个重要维度。从一定意义上说,社会就是人的本质力量的对象化。人根据自己的目标,根据外部环境的规律改造外部环境,在实现自己的目标的过程中,使外部环境发生了新的变化。社会环境的变化本身就体现着人的需要,人对社会的认识,体现着人对自然、对社会、对人自身的理解。所以,在特定社会结构中,一方面是社会的物质结构,另一方面是与之相对应的观念结构,这些观念都源于人们的生活、生产和交往活动,是他们的经济组织和社会组织在意识中的反映,这些观念源于现实,高于现实。随着实践,随着人的本质力量的增强,人类又会形成新的物质生产活动,也会产生相应的社会认识。

更重要的一点是,作为社会实在中一个重要维度,思维或者说这些观念体系并非抽象的存在,它经过社会化就内化在现实活动的人的身上,成为他们身上的认识图式、评价图示,成为他们个人思维中的认识定势,影响着人们的认识、行动,甚至成为人们不自觉的、理所当然的无意识。

正是由于在思维与社会存在之间(主体与客体之间或者人与社会之间)以实践为中介的辩证运动,思维与社会存在具有相互渗透、相互转化和相互贯通的特征。在现实社会中,个人的认知、评价和行动图式与社会客观结构有着内在契合。所以,在现实的社会活动中,人都具有关于社会的知识。现代西方社会科学中的文化学派已经承认了这一点,一般来说,实践者知道社会中的行为规则,知道自己如何行动,如何达到自己的目的。因此,他们的日常生活经验并非是谬误,而是模糊的、零散的碎片式认识,社会的结构和与之相对应的规则、观念就体现在这些日常经验中。正如马克思所说,"这些个人所生产的观念,或者是关于他们对自然界的关系的观念,或者是关于他们之间的关系的观念,或者是关于他们自身的状况的观念,显然,在这几种情况下,这些观念都是他们的现实关系和活动、他们的生产、他们的交往、他们的社会组织的有意识的表现,而不管这种表现是现实的还是虚幻的。"[①] 对这些碎片式的认识进行整理、系统化,就会产生对社会的真正认识。

如上所述,思维与社会存在在实践的基础上具有内在统一性。社会是人的本质力量对象化的产物,它本身就体现着人的目的,体现着人对社会的认识,并随着人的本质力量的提高而发生变化,体现着人的新的目的和人对社会新的认识。在这个意义上,对社会的认识就是对人类自身的活动、对自身目的、对自身活动的产物的认识。一句话,对社会这一客体的认识本质上就是对主体的认识。因此,在社会认识中并不存在任何神秘的"自在之物"。人类所要认识的就是人们的社会行动及其结果,通过

[①] 《马克思恩格斯选集》第一卷,人民出版社,1995年,第72页,脚注1。

研究人们的生产工具、生产资料、通过研究人们如何运用生产资料，人们如何生产、交换、分配，研究与这些行为相对应的思想观念，就可以获得对社会内在结构的认识。

在人与社会的主客体关系中，社会不是外在于人的物，而是人的创造物，是人的本质力量的外化，所以，从最根本的原则上来说，人完全有能力认识它。

5.1.3 从马克思主义实践观看建构主义的多元论谬误

在现代社会科学中，建构主义成为影响越来越大的一个学派。德国社会学家马克斯·韦伯是这一思想的重要代表。这一学派认为，社会现象太复杂了，社会科学总是从一定的价值前提出发，选择一些事实构建起理论体系。这个体系（理性类型）可以成为人们理解、衡量社会和实现人们目的的工具，但它并不反映社会实在。不同的价值前提会构建起不同的知识体系，它们都是同等正确的。这一思想不可避免地导致多元论和不可知论。

其实，只要我们以唯物史观为指导，在社会认识领域贯彻实践观，就会找到建构主义的痼疾，消除它的相对主义。

就以社会的复杂性来否定认识社会的可能性而言，这种观点忽视了社会所具有的普遍性特征，也就是社会系统总体所具有的共同特征。认识社会的整体结构并不等于认识社会中所有的现象。社会现象都产生于社会的基本结构，反映着这一基本结构。因此，透过社会的一些特定现象，通过对它们的分析与归纳，人们完全有能力揭示社会内部的普遍的、本质的特征。

这里还有一个更重要的问题，由社会研究者构建起来的"理想类型"能够反映社会实在吗？康德认为，人的理性为自然立法，科学可以成为人类行动的工具，但在这个过程中实在本身转变为"自在之物"，永远无法认识了。以韦伯为代表的建构主义本质上是新康德主义，这一学派认为人的理性为社会立法，社会科学同样可以成为人们行动的工具，但社会实在也在这个过程中转变为"自在之物"而无法认识了。这是建构主义否认社会科学认识社会实在的可能性一个更深层的原因。

但是，建构主义忽视了一个重要问题，就是人类社会的实践特征，忽视了思维与社会实在的统一性，忽视了实践在认识中的作用。

社会研究者要表述自己的研究，必须要应用概念框架。但是，这种概念框架并非凭空创造的，它与日常生活中实践者的概念框架是不能分离的。在前面我们已经讨论过，社会科学具有双重解释。也就是说，它要涉及两个解释框架。第一个解释框架来自于社会实践者。社会实践者在进行社会活动时，用日常语言来解释自己的行为。而这种日常语言是和规则、生活方式总是互相融合在一起。第二个解释框架是专家所具有的解释框架。社会研究者对社会实践者的行为进行认识时，必然涉及对实践者的概念框架进行解释，并转化为专家的认识框架。所以，科学概念框架依赖于社会实践者在日常生活中的概念框架。

那么，再进一步说，如果社会的物质结构与社会的符号体系是相对应的，而这种符号体系又通过社会化转化到个人身上，并以模糊的形式体现在社会实践者的日常经验中，那么，从本质上说，以这些日常经验为内容、以实践者的概念框架为前提的社会科学，就可以反映出社会的物质结构和观念结构，可以揭示社会的内在本质。

就社会科学对日常经验和日常概念框架的依赖而言，不管韦伯自己如何认为，他所说的"理想类型"也同样反映着社会的物质结构和与其相对应的符号体系。这里，可以把韦伯自己作为一个案例来分析。在韦伯的学术著作中，韦伯总是从"目的—手段"这一工具理性的角度对人类行为进行研究，并以此构建它的体系。而这不正是资本主义社会中人们追求利益最大化的行为方式吗？当韦伯把这种行为方式作为理所当然的前提来研究社会行为时，他的理论内容和概念框架实际上是以这种资本主义社会对人的前科学理解为前提的。虽然韦伯称自己的理论只是"理想类型"，只是理解社会历史的尺度，并不揭示社会历史的本质特征，也不具有普遍意义。但是，谁又能否认，韦伯在这一基础上所提出的诸多思想，如现代社会的理性化进程、世界的去魅以及人类将生活在工具理性的"铁笼之中"的悲观预言，是对现代性危机的真实反映，包含着极其深刻的洞察，谁又能否认它的普遍意义。此刻，出现了一种理论的吊诡！一方面深刻地反映了现代资本主义的内在特征，另一方面又断然否定了这种认识具有本质特征和普遍性。

之所以这样，正是因为以韦伯为代表的建构主义总是从唯智主义的立场出发，以纯理论的方式认识社会。这样，就产生了其最核心的错误，这就是忽视了现实的人与社会实在之间的实践维度，以及在实践基础上形成的现实的人和社会实在之间的辩证关系。当建构主义不同程度上把认识主体理解为抽象的理性人时，并把它放在社会之外成为与社会相对立的抽象的理性思维时，它实际上把人的意识从这种辩证进程中割离出来，从而割裂了主体与客体之间的内在联系，割裂了体系化的社会科学与作为社会科学认识前提的日常生活经验和实践者的概念框架之间的内在联系。这样，在主体构建的科学知识体系与社会实在之间，作为中介的实践者的日常经验和概念体系的作用被忽视了。这样，在主体与社会实在之间出现了一段无法跨越的非理性空间，社会实在成为自在之物隐身而去。于是，本来反映社会实在的科学知识体系，在建构主义的视野中，反而遮蔽了社会实在。

而由价值关联所导致的相对主义的困境也正在于此。建构主义承认社会科学的价值前提并没有错误，它的错误在于，由于割裂了理论与日常经验的内在联系，它把各种理论相对化了。应该承认，由于价值前提不同，人们会选择不同的材料，不同的框架体系，但是，这些材料，这些科学的框架体系仍然摆脱不了对实践者的日常经验和概念框架的依赖。因此，它们仍旧是对社会结构的反映。但是，它们却不是并列的，没有对错之分的。只能说，它们是对社会不同程度的反映，有的反映深刻，有的反映肤浅，有的反映正确，有的反映错误。

因此，从马克思主义的实践观来看，建构主义视野中的自在之物、相对主义都是不存在的。它的困境是源自于物化意识的唯智主义的幻象。正如马克思所指出，以现实的人为出发点，"它的前提是人，但不是处在某种虚幻的离群索居的和固定不变状态中的人，而是处在现实的、可以通过经验观察到的、在一定条件下进行发展过程中的人。只要描绘出这个能动的过程，历史就不再像那些本身还是抽象的经验论者所认为的那样，是一些僵死的事实的汇集，也不再像唯心主义者所认为的那样，是想象的主体的想象活动。"①

建构主义源于康德，但实质上也背离了康德。当康德力图通过实践理性克服自在之物时，已经包含了实践观点的萌芽。这是天才的洞见，虽然这里的实践只是道德的实践。但是，当建构主义坚持站在社会之外为社会立法，以抽象的、无历史的认知主体概念代替实践的主体，把社会中的人剥离于社会之外，置身于社会之上俯视社会时，这一理论离开了康德的新起点。这样，在社会科学中重新出现了"自在之物"，它自身也陷于相对主义的困境而不能自拔。

5.2 事实、过程与客观可能性

5.2.1 辩证思维视野中的事实

一般来说，实证主义认为，事实就是指科学活动所指向的外

---

① 《马克思恩格斯选集》第一卷，人民出版社，1995年，第73页。

部对象的状态、性质和联系，它们是一些独立的事件，这些事实组成了世界。在社会科学研究中，社会事实就是指社会中事物的状态、性质和联系，如关于事件的记录、数据、访谈的结果等等。社会科学就是对这些事实进行分析，描述事实间的因果关系。以马克斯·韦伯为代表的建构主义认为，社会研究总是有一定的价值前提的，事实就是在这种价值前提下呈现的，并被组织进理想类型中。现代社会科学综合了二者，社会科学就是找出事实间各种因素的相关性，建立一个模型，如果它能够解释这些事实并能预测，它就是科学的理论，至于它是否符合社会实在的本来面目，则无关紧要。

在这两种哲学流派所理解的社会科学研究中，科学的起点是事实，事实是至上的，不能超越。所谓事实的至上性，就是事实的内容的既定性，其内容是自己呈现出来的，只能如其所是地进行描述。即使承认社会科学事实出现的价值前提，承认事实是被选择的，但事实的内容仍是既定的，社会科学只能从这种既定的内容出发，不能越雷池半步。由此出发，或者如实证主义那样，世界被理解为事实的总和，社会规律只是外部描述，社会规律成为永恒的自然规律，或者如建构主义那样，规律被等同于理性的建构。以事实的既定性出发，这必然导致对现状的认可，承认既存现实的权威。而任何超越既存现实的行为、思想都是不可想象的。这样，社会新的发展的可能性成了"应该"，成了主观愿望。

但是，这一社会科学研究的前提是建立在误解事实的基础上的。事实作为孤立事件，作为事物的状态，只是对收集它的研究者才是这样。而真正的社会历史是一个过程，事实就是这一过程中的环节和阶段。社会事实是人的有意义的现实活动。在现实生活中，人们为了生存与发展，总是与既定的社会环境发生各种各样的矛盾，社会现实中的实践者，总是面临着社会环境不断提出的问题，不断地解决问题，改造社会环境，满足自己的需要，并在它所改造的新的条件下面对新的问题，解决新的问题。所以说，每一个社会事件、事实，都是从过去的社会环境中产生，并作为一个环节，作为新的社会条件向未来发展。

正因为现实生活中的实践者都面临着现实的各种紧迫问题，并需解决这种问题，所以，社会行为都是有意义的。这种行为的结构包含着两个部分，一个是人的需要、目标，一个是社会所能提供的物质手段、活动的取向、活动的方式。因此，可以说，在人类的行为中，体现着社会的内在结构、社会发展的新的条件、社会发展的趋势。"人类的一切行为都是对个人或集体主体的回答，这种回答的意图构成使既成形势向主体所希望的方向变化，因此，任何行为，任何人类的事实都有一个意指特征"① 当然，对现实的行为者来说，他们的行为并非精心计划，甚至并没有意识到这些社会发展的趋势，只是依照长期养成的行为习惯、风俗、传统而行动。但是，它们的行为往往是适合规律和目的的。辩证哲学最重要的思想之一是："思维始终是在某种具体的环境下寻找生活的意义和进行一种旨在向着人类集团所希望的方向改变现实的实际尝试"。②

所以，现实的实践者的社会行为中体现着社会发展的可能条件、社会结构的运动倾向。"人类始终只能提出自己能够解决的任务，因为经过仔细考察就可以发现，任务本身，只有在解决它的物质条件已经存在或者至少是在生成过程中的时候，才会产生。"③ 人类行为往往在一种无意识的行为中体现着社会发展的

---

① ［法］吕西安·戈德曼：《马克思主义和人文科学》，安徽文艺出版社，1987年。第63页、第64页。
② ［法］吕西安·戈德曼：《马克思主义和人文科学》，安徽文艺出版社，1987年，第53页
③ 《马克思恩格斯选集》第二卷，人民出版社，1995年，第33页。

方向，体现着社会结构的内在要求。

一切科学的起点都是经验事实，但是，实证研究并非实证主义，从事实出发，并不等于事实至上。任何社会研究，从一定意义来说，都会有一个孤立化、静止化的过程。为了掌握确定的材料，必须把它确定为不变的，它就是它自身，进一步，必须把它与其他事物的联系割离开。这样，才能得到所谓的事实。

但是，这只是科学研究进程的一个阶段。社会事实的内在规定源于社会结构，并体现着它。"黑人就是黑人，只是在一定关系下，它才成为奴隶。纺纱机是纺棉花的机器，只是在一定关系下，它才成为资本，脱离了这些关系，它就不是资本了。"① 但是，作为孤立的事实，它就会失去这一内在规定。同时，脱离了历史进程，也不可能真正认识事实。举一个日常生活中最简单的例子。一株植物的生长要经历发芽、生长、开花、结果等阶段。把各个阶段孤立开来，即使再准确地描述其中的某一个阶段，也不等于正确认识这个阶段。只有把它放入前后相继的生长过程中，把它作为这一植物生长过程的一个阶段才能真正认识它。任何事实，随着联系社会结构、历史进程的广度和深度，它自身呈现的性质将发生巨大变化。但是，一旦把事实孤立起来，一旦把规律理解为是孤立事件间的联系，一旦把事实理解为至上的，而不是把它理解为在特定社会历史条件下的产物，并且把它作为科学的最终出发点，事实的社会性和历史性就消失了。

因此，对于马克思主义社会科学来说，它把事实作为研究的起点，但是，它又要超越事实的孤立性、它的内容的既定性，把它恢复为社会历史发展的环节、阶段，并揭示事实中的本质规定，揭示事实中蕴含的社会历史的客观结构的发展倾向，揭示事实中蕴含的社会发展的客观可能性。马克思主义所说的"应

---

① 《马克思恩格斯选集》第一卷，人民出版社，1995年，第343页。

该",并不是与社会既定现实相对立的主观愿望,也不是抽象的普遍的伦理观念,而是社会发展的客观可能性,历史趋势。

5.2.2 把握事实的辩证方法

如何超越事实的既定性,把事实把握为一个社会历史过程的阶段、环节,把握其中社会历史发展的趋势、客观可能性,这是社会科学中的重要问题。这里,必然要求一种历史认识方法。前面已经讨论过,不管实证主义还是建构主义,都是一种非历史性的方法,不能真正把握社会实在的内在规定,因而,也不能把握事物的历史进程。这里,需要一种概念范畴的运动与社会的历史运动相统一的方法,而马克思的辩证方法正提供了这种方法。

马克思主义以相互作用的思想超越了单线的因果联系。从一定意义来说,实证主义所说的因果联系,是现象间恒定的前后相继的关系。但是,任何原因都需要解释,这样,就会追溯出一个因果链条,最后,总是需要设定一个无法解释的原因。同时,就局部来说,因果联系的内在联系被认为是无法把握的,这也就是前面所说的事实的既定性,认识者只能被动地接受它。

但是,在马克思的社会研究中,马克思并不是在一种线性的因果链条中解释社会,他把社会中各种因素,如生产、消费、交换等因素看作是相互影响、互为因果,并在相互影响中产生的社会结构。所以说寻找社会现象中的本质,并不是寻找抽象的实体,而是寻找事物之间相互作用的关系。而一个社会的性质,也是由生产力、生产关系、经济基础和上层建筑的辩证关系来决定的。把握了社会诸因素之间的对立关系,也就把握了某一社会的本质。

而对于事实的既定性,马克思不是简单地描述事实,而是寻找事实的内在规定,把握事物间内在的必然的联系。

马克思指出,它的方法是"从实在和具体开始,从现实的前提开始。"① 一些经济学从生产的基础和主体人口开始，看似自然合理，但是，如果"抛开构成人口的阶级，人口就是一个抽象。如果我不知道这些阶级所依据的因素，如雇佣劳动、资本等等，阶级就是一句空话。而这些因素是以交换、分工、价格等等为前提的。比如资本，如果没有雇佣劳动、价值、货币、价格等等，它就什么也不是。"② 在马克思的方法中，有一个从具体到抽象，又从抽象到具体的方法。前一个具体是没有任何规定的表象，而后一个具体是把握了事物的必然的、内在的规定的具体。

马克思的这种探究方法是"条件性模式"。③ 前面说过，一个现象产生，另一个现象随之产生，如果这种关系是恒定的，这就成为因果关系。实证主义的因果关系就是这种关系。但是，因果关系本身是神秘的联系。条件性模式则是这样一种关系，一个事物产生，必有其产生的前提，如果找到这个事物的前提，那么，在事物的前提和事物之间的关系就转化为内在的、必然的联系，也就是逻辑的关系。这样，把握社会的范畴就是将从时间意义上的前后相继的因果关系，转化为逻辑意义上的必然关系。在这种情况下，马克思主义所说的必然，就有了自身独特的意义。因果关系的必然是指，有了事件 A，事件 B 一定出现，没有事件 A，就没有事件 B。二者是既充分又必要的。但是，作为前提关系，一个事件出现了，只有通过前提关系才能对其进行充分解释。但事物的前提和事物之间是必要的但不充分的关系。也就是说，有了前提条件，并不一定产生该事物。所以，前提条件建立只是可能性，可能性的实现要依赖于其他因素。比如，现代银行

---

① 《马克思恩格斯选集》第二卷，人民出版社，1995年，第17页。
② 《马克思恩格斯选集》第二卷，人民出版社，1995年，第18页。
③ [美] 诺曼·莱文：《辩证法内部对话》，云南出版社，1997年，第202页。

体系是以货币的出现为前提的，但是，货币出现，并不一定出现现代银行，现代银行的出现还要依赖于其他条件。事物的前提条件是作为新事物的可能性条件而保存自己的。

从这种"条件模式"出发，马克思不是简单地描述事件之间前后相继的时间关系，不是简单的从事物的起源上描述事物的发展过程，而是一个逆向的过程，从事物的成熟形态出发，寻找事物存在的各种可能的前提条件。"资本主义社会是最发达的和最多样的历史的生产组织。因此，那些表现它的各种关系的范畴以及对它的结构的理解，同时也能透视一切已经覆灭的社会形式的结构和生产关系。资本主义社会借这些社会形式的残片和因素建立起来，……一部分原来还是征兆性的东西，发展到具有充分意义，等等。人体解剖对于猴体解剖是一把钥匙。反过来说，低等动物身上表露的高等动物的征兆，只有在高等动物本身已被认识之后才能理解。"[①] 马克思这一思想的启发在于，只有在具有充分发展了的结果的基础上，人们才能充分认识引起这一结果的力量、条件。

马克思正是通过这种方法，通过探索资本主义的各种前提条件，并找到最初的前提条件，并由此出发，通过范畴间的运动，在思想上把资本主义再现为具有丰富的规定和关系的整体。这种辩证方法，不是简单描述事物的起源和发生，而是将其把握为一个必然的逻辑过程。但是，这个逻辑过程并不是与历史相脱离的，而是内在统一的。在逻辑顺序中，简单的范畴是内在规定还未展开的范畴。作为一个最抽象的概念，它可以看作对一个可能性还未实现事物的抽象，而在它之后相对较具体的概念，则可以看作其可能条件、潜在得到部分发展事物的抽象。每一个更加具体的概念都把前一个概念纳入自身，这样，每一个概念都是发展

---

① 《马克思恩格斯选集》，第二卷，人民出版社，1995，第23页。

的环节。与此相对应，每一个在更高阶段的事物都以早先的事物为发展前提，而它自身又成为后面的事物向更高阶段发展的可能条件。概念的逻辑顺序不是简单的时间顺序，而是脱离了偶然的必然的关系。"在这个限度内，从最简单上升到复杂这个抽象思维的进程符合现实的历史运动。"① 在这个过程中，社会事实被还原到为社会历史发展的链条当中，成为发展的环节。每一个环节，作为前提条件，都包含着向未来演进的趋势。

在马克思的《资本论》中，他就是以这种方法把握了资本主义存在的条件和产生的条件。而规定就是否定。找到了现存世界存在的规定，也就找到了它产生的历史前提、根据，也就证明了它是人类发展的特定阶段的产物，这同时也揭示了它灭亡的条件。而它本身作为社会历史发展的环节，孕育着新的社会制度产生的条件，也就是社会发展的客观可能性。

无疑，马克思的方法继承了黑格尔的辩证方法。但是，与黑格尔不同，马克思把这种方法可以看作把握社会实在的方法、叙述的方法。而研究过程则要从经验事实开始，只有经过极其严谨的分析、抽象，找到最基本的规定之后，才能开始这一过程。马克思对资本主义的分析，是建立在严格经验事实的基础上的。与实证主义不同的是，在这个基础上，马克思超越了事实。

同时，在实证主义的因果关系中，如果作为原因的事件 A 出现，作为结果的事件 B 一定出现，这是因果的必然性。但是，在马克思的辩证方法中，前提只是提供了事物实现的可能条件，但是，事物是否出现还要依赖于其他条件，社会实践主体通过自身的努力，克服一些不利于事物实现的条件，创造一些条件，当条件的范围得到了满足，事物就会实现自身，从可能性转化为现实。这就是辩证思维意义上的必然性。现实的可能性和现实的统

---

① 《马克思恩格斯选集》第二卷，人民出版社，1993，第20页。

一性就是必然性。必然并不是针对已发生的事情而言，而是对要发生的而言。这一必然性必须通过实践主体的活动创造条件而实现。可以说，人类历史发展有它的规律，但是，人类历史又具有开放性。

通过这种辩证方法，马克思从事实出发，又超越事实，把事实还原为社会历史整体发展过程中的因素和环节，揭示事实，揭示既存世界的存在、产生的条件，并由此揭示了事实中历史发展的可能性。这种标志着历史发展趋势的客观可能性，也就是人类要予以实现的目标，或者说"应该"。但这并非与事实相对立的主观的愿望，更不是由抽象的原理演绎出来的价值观念。

5.3 社会科学中的价值反思

马克思主义认为，社会科学的任务是揭示社会发展的规律以及社会历史发展的客观趋势，揭示社会发展的客观可能性，并找到实现这种客观可能性的途径。要完成这一任务，就必须对社会科学研究活动进行价值反思。在社会中，人们总是在一定的价值视野中理解社会现象，进行实践活动，而社会研究者也必然在一定的价值前提下进行社会研究，这样，不合理的价值观念就会影响人们对社会规律、社会趋势的客观认识。只有以生产力为尺度，以最广大人民群众的利益和人的全面发展为标准对社会科学活动中主体和客体中所渗透的价值观念进行反思，才能完成马克思主义社会科学的使命。

5.3.1 社会科学中价值反思的必要性

人类的认识不是对外部事物镜像式的机械反应，而是具有鲜明的主体性特征。在承认客体是一种客观存在的前提下，我们也要看到，在认识活动中，认识的主体和客体具有相关性。"主体的内部世界、主体的本质力量和认知定势对外部世界的有效'结合'、'同化'达到什么范围和程度，外部世界的事物和现象就能够在这个有效的范围内和程度上成为对主体有意义的现实客体。反之,外部世界的事物和现象在何种范围内和程度上成为对主体有意义的现实客体,就相应的表现和确证主体的内部世界、主体的本质力量和认知定势对外部世界的有效'结合'、'同化'达到了什么范围和程度。"① 随着主体的本质力量提高和认知定势的扩展,主体对客体认识的深度和广度就会随之扩展。

主体的价值体系就是他的本质力量和认知定势的重要组成部分,在认识活动中发挥着重要作用。在社会认识活动中尤其如此,主体的价值体系影响着人们对社会认识的深度和广度,影响着人们对社会发展规律的认识。社会科学都是有价值前提的,人们总是从一定的立场、利益以及与之相应的价值观念出发来认识社会,只要不像建构主义那样走向相对主义和不可知论,这一点就是完全正确的。价值前提渗透于社会科学的整个认识过程之中。它是一个选择性原则,社会研究者根据这一原则选择研究的事实。它还是形式原则,社会科学的概念框架根据这一原则而设立,社会事实被整合进这一概念框架中形成知识体系。这样,社会成为现实的认识客体为主体所把握。所以,在一定意义上,价值前提更是一个构成性原则,它影响着客体在人的思维中的构建过程和构建结果。

在社会科学的认识活动中,不仅仅有认识主体的价值体系在发生作用,认识客体本身本质上就是人的活动及其结果,这其中也有价值体系渗透于其中。不同于自然科学,社会科学中存在两个价值体系,这两个体系的相互作用也影响着社会科学。"价值作为一种主体性现象,它就存在于主客体相互作用的过程之中,是以主体的需要为尺度而形成,并随着主体需要的变化而变化的

---

① 夏甄陶:《认识的主—客体相关原理》,湖北教育出版社,1996年,第267页。

一种现象,它是客体的存在、结构、功能和变化趋向与主体生存发展需要的一致性和统一性,是客体对主体的意义。"① 价值体系是一种意义体系,它不能像实在的物一样被客观描述,而是进行解释。这样,在两种价值体系间就会发生解释学所说的"视域融合"的过程,形成新的价值观念,新的意义体系,对认识对象形成新的理解。

所以,社会科学活动中的价值观念及其独特的解释特征影响着认识的过程、认识的结果。合理的价值体系作为人的本质力量、主体定势的重要组成部分对正确认识社会发挥着积极作用。

但是,并非所有的价值观念、体系都是合理的,这是由人类社会的历史性所决定的。"人的社会的、文化的存在总是表现为历史的存在,总是在前进中,在变化中不断产生新的进步形式。"② 价值观念与社会的辩证运动并非是同步的,在特定的社会历史条件下价值观念会转化为虚假意识。

价值源于人类的实践活动。"价值的根本是与人的需要相联系的,是指那种能够满足人的需要的关系状态,相对于人的需要的满足,社会的规定、文化的规定,都是某种派生的东西,也是为了满足人的实际生活需要和精神需要而起作用。人们在实践中根据自己的需要与对象的关系设立各种目的,创造各种价值,也形成对价值的看法和评价,同时又在实践中印证、修正和改变自己的价值观念。"③ 价值是对象物与人的需要之间的关系性存在,这种关系处于动态之中。在这种实践活动的基础上,一方面形成了人类社会的物质结构,另一方面形成了社会的观念结构。价值

---

① 李德顺、马俊峰:《价值论原理》,陕西人民出版社,2002年,第106页。
② 夏甄陶:《人是什么》,商务印书馆,200年,第167页。
③ 李德顺、马俊峰:《价值论原理》,陕西人民出版社,2002年,第64-65页。

观念体系就是这一观念结构中的重要组成部分,它为社会提供对社会、对个人和自然提供共同的理解,使社会中的行动者能够理解这个社会,认同这个社会。

但是,价值体系与社会结构并非总是同步的。在人类实践的基础上,社会总是处于辩证运动之中。生产力是社会中的革命因素,总是处于不断发展之中,随着以生产力为标志的人类自身的能力不断的提高,一种新的生活方式的客观可能性也逐渐出现。但是,一个社会的生产关系、上层建筑总是处于相对稳定的状态,这样,生产力与生产关系中的矛盾会逐渐加深,在人类的现存社会结构和客观可能性之间的差距会不断扩大。同样,作为观念上层建筑的社会主导价值体系并不随着生产力的变化而迅速发生变化。如果说生产力的发展标志着人类本质力量的提高,预示着一种新的社会形式、生活形式的可能性,那么,与原先的经济基础相对应的价值观念就不能与此相对应,不能表现这一新的生产力,不能表现这种新的社会形式、生活形式的可能性。在这个意义上,价值观念就会转化为虚假意识,歪曲、遮蔽着新的社会的客观可能条件,而认为既存的、与生产力不相适应的社会结构是合理的、自然的。

当这样的价值观念、体系成为社会科学的价值前提时,当这样的价值前提作为社会科学的选择性原则、形式原则和构成性原则时,当社会科学主体的价值体系成为虚假意识,当这种虚假意识与社会科学的客体中蕴含的价值体系形成"视域融合"并形成新的意义体系时,维护现存的社会结构的虚假意识就会进入社会科学。在此基础上,社会科学所描述的就不是随生产力的发展而出现的人类社会新的发展的可能性,而是由虚假意识给人划定的虚假的可能性,社会科学不知不觉成为既存社会秩序的维护者。这样,社会科学就不可能真正揭示社会发展的规律,揭示社会发展的趋势和客观可能性。

因此，要认识社会发展的客观趋势，认识社会发展的客观可能性，就必须在社会科学中进行价值反思。

5.3.2 社会科学中价值反思的途径

社会科学中的价值反思可以分为如下途径：一个是对所研究的社会行为者的价值观念进行反思；另一个是社会科学家对自身所依据的价值前提进行反思；还有一个层面是对专家的概念体系与行为者的意义体系这二者之间的关系进行反思。这种反思可以通过主体间的交往沟通，也可以通过揭示这些观念产生的条件来完成。只有通过这些批判反思，社会科学才能把由虚假意识掩盖的社会可能性真正揭示出来。

对社会科学研究对象的价值反思，也就是对社会行动者所依据的价值体系进行反思，并不是简单地以一种抽象的价值评价这些行为，而是把这些社会行为者的价值观念与其特定的社会地位相结合来反思价值的合理性。社会存在决定社会意识，一个人所处的社会地位，所在的社会环境，所卷入的社会利益冲突，都会影响这个人的价值观念。与此同时，通过家庭、社会教育体制以及社会实践，社会中占主导地位的价值观念也会对人的价值观念产生影响。这些价值观念以观念的形式或者模糊情感的形式存在并影响人的行为。所以，把社会行为者的价值观念与他的社会地位、利益相结合就可以揭示出这种价值是否真正反映他的利益、需要，是否是一种虚假意识，并通过社会的利益格局为这种价值观念定位，确定其合理性。

社会科学主体的价值反思问题往往为人们所忽视。人们在理解社会科学时常常犯这样的错误，不是把社会科学家看成现实生活中的人，而是把他们设想为抽象的理性的人，不受任何社会因素影响的"科学人"。但是，这样的"科学人"从未存在过的。正如著名的经济学家米尔达尔所说，"我们社会学家当然同其他人没有什么不同。在我们寻求真理的过程中，我们所选择的特殊方法，我们所创立的解释性模式和理论，我们所使用的概念，因而还有我们进行观察和得出推论时所遵循的方针，都要受到个人的个性特点的影响，除此以外，还要受到我们各门学科中强大的传统以及我们工作和生活的社会中种种利益和偏见的影响。我们学科的演进不能被看作是自发的，而是受到我所指出的各种内因和外因的不断的影响。这些因素也许很容易使我们对现实得出系统的错误认识，即我所谓的偏见，尽管我们并不是有意地形成这些错误概念。"①

也正是因为这个原因，社会科学主体的价值反思具有重要意义。这种反思可以通过社会科学家之间的交往来完成，或者通过对社会科学著作中渗透的价值观念的批判来完成。在这种反思中最有代表性的是马克思对"劳动"与"劳动力"的分析与批判。在这个世界上"谁养活谁"的问题是个难题，不同的利益集团有不同的回答。站在资本家立场上的，就会认为是资本家养活了工人。如果没有资本家投资，工人也就没有了饭碗。退一步说，最少也是相互合作。资本、劳动、土地三种生产要素结合在一起，各得其所，资本获得利润，劳动获得工资，土地得到地租。但是，马克思在对古典政治经济学的资产阶级价值观进行批判的基础上，区分了"劳动"和"劳动力"。一般认为，资本家通过工资购买工人的"劳动"。而马克思认为，资本家通过工资购买的是工人的"劳动力"，而劳动力的价值是由生产、发展、维持和延续劳动力所必需的生活资料的价值来决定的。而在雇佣过程中，工人创造的财富价值大于资本家用工资购买的"劳动力"价值。这样，就揭示了资本积累的秘密，从而也解决了谁养活谁的问题。这一问题的解决改变了人们的观念，也影响了后来政治

---

① ［瑞典］冈纳·米尔达尔：《反潮流：经济学批判论文集》，商务印书馆，1992年，第51页。

经济变革的方向。

  人的思想中往往有一些理所当然的、前反思的价值观念，只有在与其他人的接触和思想交流中，这些价值观念才能为人所意识到，并在不断比较中得到认识。社会科学也是这样，只有在科学家之间的交往中，不同思想的交流、比较和批判中，每个人思想中的从未被意识到的价值观念才会呈现出来，并得以澄清。

  社会科学家之间的交往是社会科学主体进行反思的重要途径，但是，这种反思方式有其局限性。一些不合理的价值观念可以通过这种方式得到澄清，但是，这并不等于可以彻底消除这些价值观念。这是因为，社会科学领域本身也是一个小社会，这一领域内部也有利益纷争，也有内部的和外部的权力制约，并在此基础上形成了各种学术传统，社会科学家的行为规范。在社会科学研究者的成长过程中，这些因素有可能转化他们的价值观念，转化为一种学术无意识。所以，仅仅通过交往澄清社会科学家研究的价值前提是不够的，还必须对产生这些价值观念、这些学术无意识的社会条件进行反思、澄清。所以，对社会科学主体的价值反思的另一条途径就是对他们的科学研究行为进行社会学认识。通过对学术领域的微观社会结构的产生、再生产机制的研究，找到制约、影响社会科学家现实活动的各种机制，发现社会科学实践行动的各种现实条件，就可以完善社会科学的研究体制，清除各种不合理的价值观念产生的社会条件，使社会科学主体的价值反思得以完成。

  对社会科学的主体和客体的价值反思并非价值反思的全部，这因为，在社会科学活动中，研究对象的独特性决定了社会科学具有解释特征，在社会科学家的价值体系与社会行为者的价值体系之间必然会出现解释关系。作为现实生活的人，不管是社会实践者还是社会研究者，它的价值观念都有扭曲的成分，不合理的因素。因此，如果没有价值评判，由二者的观念融合而成的新的社会理解，也必然是一种不能反映人类进步可能性的虚假观念。所以，社会科学的价值反思必须包括对这二者的关系进行反思。

这种反思可以通过研究者和研究对象的交往来完成。比如，对某一社区的社区管理者和社区成员之间的不断冲突进行研究。在实证主义研究模式中，研究者必须保持中立，它只是观察、详细的记录访谈、进行问卷调查、描述事件的过程，找出事件的因果联系。但是，在这个研究过程的开始，社会科学研究者已经设计好了研究方案，这一方案中就包含着研究者的价值前提，以及他所没有意识到的对人、对社会的前科学理解。在表面上中立的观察中，他的价值观念已经渗透进他的研究和结论中。这样，他可能把自己对社会问题的理解武断地放在被研究者的身上，在社会研究中得出的只是自己的先入之见。

而研究者与被研究者的交往可以防止这一问题。研究者可以进入事件过程本身，和研究对象共同面对问题，他可以与社区中的成员讨论他们的意见，也可以和社区管理者一起讨论事件，更进一步，研究者与冲突双方可以各抒己见，共同研究解决办法。这样，在与被研究者的交往、商谈中，研究者和被研究者都能够反思自身没有意识到的价值观念，通过这样平等的商谈，达成共识，形成各自合理的价值观念，并以此为指导，找到合理的解决办法。在这一研究过程中，认识者与实践者已经统一，社会科学研究的过程与社会进步的过程已经统一在一起，事实与价值得到了统一。

5.3.3 社会科学中价值反思的标准

在社会科学中进行价值反思必然涉及价值反思的标准问题。不管是针对社会科学的主体还是客体，这种反思已经超越了方法论意义上的价值中立原则。而价值中立原则最重要的根据就是价值都是相对的，无法进行比较，没有客观性标准。

实际上，价值的客观性标准是存在的，在马克思主义实践观的视野中,价值的客观性标准就在于它是否符合生产力发展的方向、社会历史发展的方向。

"价值不是想象中的纯粹观念的关系,它作为主客体的实践关系的特定方面,是根源于实践的基本矛盾而形成的必然关系。"[①] 人的需要与外部环境是一对矛盾,人要不断地改造外部环境以满足自己的需要,在此基础上,又会形成新的需要与新形成的外部环境相矛盾。这样,以实践活动为中介形成了主客体辩证运动,客体的性质不断为主体把握,转化为主体的本质力量,外部环境也不断随着主体的需要而发生变化。价值体现的是客体与主体需要之间的意义关系,任何价值观念和抽象的价值体系都源于此。从这种辩证过程看,主体的需要是主体本质力量的表现,并随着这种本质力量的提高而不断形成新的需要。但是,人的本质力量是客观的,它建立于人对外部规律把握的基础上,从最根本上说,它建立在人类认识自然规律、利用这种规律为人类服务的能力基础之上。所以,人类的需要以及相应的价值观念都具有它的客观基础。从现实的社会来说,价值的客观基础就来源于这个社会的生产力水平、社会的发展水平。"人类始终只能提出自己能够解决的任务,因为经过仔细考察就可以发现,任务本身,只有在解决它的物质条件已经存在或者至少是在生成过程中的时候,才会产生。"[②] 价值观念、价值评价和价值选择的背后的这种客观力量使价值活动具有客观性。

价值观念的客观性不是绝对的,而是相对的,具有历史性。人类的实践活动使人类社会处于不断的发展之中,随着生产力水平的不断提高,人的本质力量不断提高,人的新的需要也随之不断产生,并形成新的价值观念。"价值作为现实世界对于人的发

---

① 刘奔:《当代思潮反思录》,河北大学出版社,2005年,第189页。
② 《马克思恩格斯选集》第二卷,人民出版社,1995年,第33页。

展的客观关系,具有实践的矢量、方向性。就是说,这种关系不是某种既成的静态关系,而总是趋向于未来的一种动态关系。"①价值观念总是处于变动中,当一种价值观念失去了它的社会生活基础,这种价值观念就失去客观性,或者说合理性。

价值的客观性不是抽象存在的,它体现在现实的人价值选择之中。表面看来,价值的根源是人的主观愿望,往往千差万别。但是,从一个宏观的社会历史的尺度看,某一个时代、某一个民族往往有共同的价值观念体系。从社会的发展角度看,社会中大多数人的愿望总是与社会发展的要求相一致。这是因为,人们的愿望总是在一定的客观条件下形成的,并受这种条件制约。从一定意义上讲,人的社会行动是对社会历史提出问题的自发的回答,并且把社会发展的方向通过价值理解的方式表达出来,在目的性活动中体现着社会发展的规律性,体现着社会发展的趋势、必然方向。

所以,就价值观念的客观性标准来说,"在最终意义符合历史发展方向的价值观念具有历史的合理性。"② 社会发展的方向、趋势是衡量价值观念客观性、合理性的最高标准。价值观念是随着人的实践能力、人的本质力量的提高而变化,价值的合理性的标准必然符合人的发展。从社会的宏观整体来说,这种发展表现在人类改造自然能力的提高,也就是生产力标准。随着生产力水平的提高,社会中越来越多的人会被纳入到社会发展的进程中,其物质生活和精神生活水平不断提高。换句话说,社会发展的标准是以最广大人民群众利益为标准的。从个人来说,社会的发展必然带来人的全面发展,这也是一个重要标准。归根到底,这些

---

① 刘奔:《当代思潮反思录》,河北大学出版社,2005年,第189页。
② 兰久富:《社会转型时期的价值观念》,北京师范大学出版社,1999年,第18页。

标准都是生产力标准的不同表现形式。

社会科学的价值反思这一问题涉及到一个重要的问题,这就是阶级性与客观性之间的关系。马克思主义社会科学毫不犹豫地承认自己的阶级性,并认为以此为出发点才能真正揭示社会历史发展的规律和必然性。但是,阶级性与客观性之间的关系一直是其他学派诟病马克思主义社会科学的核心之处。社会科学都是有价值前提的,社会科学的解释特征使任何观察都有倾向性。但是,社会中存在着利益冲突的诸阶级,同样以自身利益以及与此相关的价值为前提,凭什么无产阶级宣称自己能实现社会科学的客观性呢?如果不能,这种社会科学或者是自身利益和愿望的表达,或者是和其他社会科学一样,具有同等的地位,都是对社会某一侧面、某一角度的认识。

这种观点的错误在于它以非历史的观点、静态的观点看待利益冲突、价值冲突。人们都知道,利益是阻碍人们认识现实的因素,但是,用另一个角度看,它又可以成为人们真正揭示现实的因素。由生产力的提高所带来的社会发展的客观可能性与人们的价值观念间往往有一定的差距,并形成失去了现实基础的虚假观念,掩盖了生产力所带来的社会发展的可能性。社会的既得利益集团由于自身的利益会自发地认同这种虚假意识,维护这种虚假意识,否认社会新的发展的可能性。只有社会中的被压迫者,为了摆脱自身的被压迫的社会地位,为了自己的生存,才能打破这种虚假意识。因为,承认这种现实的既定性,承认这种虚假意识,就等于承认自身苦难,别无选择。这个被压迫阶级必须超越社会现实,认识社会的深层机制,发现社会历史发展新的客观可能性,并通过自身的行动解放生产力。当然,在现实的条件还没有出现的时候,他们就会虚构一种可能性。但随着现实条件的出现,他们只要认识现实的过程,不断认识、总结自身的斗争经验,就可以发现现实解放的条件。在马克思主义看来,资本主义社会，具有这种力量的就是无产阶级。"无产阶级的自我认识同时也就是对社会本质的客观认识。追求无产阶级的目标同时也就是意味着自觉地实现社会的、客观的发展目标。"① 因此，只有坚持无产阶级立场，社会科学才能突破虚假意识，揭示社会发展的客观趋势。

所以，必须以一种辩证的立场来理解阶级性与社会科学的客观性的关系，从阶级在社会发展中的作用来理解，从打破社会的物质桎梏和精神桎梏、解放生产力的历史作用来理解。社会科学的党性原则实际上在社会科学的价值前提中坚持生产力标准，坚持社会发展的标准。

社会科学的建构主义多元论错误就在于脱离了实践、脱离了历史发展的进程来看待价值。建构主义认为，从阶级的观点出发，会形成社会科学的多元论。由于不同的阶级在社会生产中的地位，他们具有不同的利益，形成对现存社会不同的态度，产生了认识。这些认识都是相对的，没有对错之分。这种建构主义多元论的误区在于，它是从纯理论的角度出发。主体和客体只是处于认识的关系，处于主体和客体的绝对对立之中。如韦伯、曼海姆，总想寻找超脱社会冲突之外，在社会实在这一客体之外来观察客体。这样，就形成了从客体之外，从多个视角透视社会实在，从而形成不同的、并列的知识体系。两个人的错误实质上是相同的，他们把各个阶级在社会中的地位平面化了，把各个阶级的地位看作一样的，进而忽视了不同的阶级意识、阶级利益在人类社会发展的关节点中的截然相反的作用，忽视了无产阶级在追求自身利益推翻现存社会时，也同时打破了社会的物化结构，解放了人类发展的历史作用。

近年来，我国学者们逐渐认可了社会科学的价值关联特征，

---

① ［匈］卢卡奇：《历史与阶级意识》，商务印书馆，1996年，第228页。

标志着学术界对社会科学本性认识的加深。但是,也有些学者把阶级性简单地等同于价值性,认为我们过去"没有抓住党性原则的更深层本质,仅把党性原则表征为阶级社会的人研究社会历史的原则。实际上,党性原则反映的是历史认识的价值性,它是研究任何阶段的人类历史的原则。"[①] 应该说,阶级性属于价值性,但是,不能把阶级性等同于价值性。因为,从一定意义上说,价值性是一个模糊性的概念。而阶级性具有更鲜明的规定性,它能突出这样一个关键问题,从阶级出发,它能体现出认识主体就在认识客体之中,能够体现出主体在社会结构中的不同位置,更能够体现出对社会可能性条件的态度,及其在实现这种可能性实践活动中的不同功能。阶级性的本质是生产力标准。因此,不能简单地把阶级性模糊为价值性。

总之,社会科学中的价值反思只有以马克思主义唯物史观为指导,坚持以社会发展为标准,才能真正消除社会科学中的虚假观念,消除这些观念对社会形象的扭曲,正确地认识社会发展的规律,找到社会发展的方向,为人类实践提供有力的指导。

---

① 袁吉富:《历史认识的客观性研究》,北京大学出版社,2000年,第62页。

第6章 社会科学的本土化：构建批判的社会科学

近年来，全球化中的文化安全问题引起了我国学者的高度关注，西方文化霸权对我国文化自主性的侵蚀成为焦点问题。但是，在研究过程中，一个极其重要的领域却为人们所忽视，这就是社会科学领域的文化安全问题。改革开放以来，我国社会科学从学科体制到思想内容迅速向西方主流社会科学靠拢，西方主流社会科学在我国学术领域和社会决策中发挥着越来越重要的作用。那么，在一个以西方霸权为主导的世界秩序背景下，西方社会科学扮演什么样的角色，它在我国社会主义现代化中发挥什么样的作用呢？它会不会转变为意识形态并损害我国的现代化事业呢？

6.1 西方社会科学在我国的意识形态化

6.1.1 西方社会科学在中国：科学还是意识形态

我国现代化的整体进程已进入一个关键时期，社会的和谐发展必然要求对社会结构与进程进行深入的认识，社会科学作为学科门类正在突显出来，尤其是西方社会科学，已经成为我国社会科学领域的霸权话语。但是，与此同时，面对社会发展过程中出现的各种现实问题，人们不得不对西方社会科学的性质提出质疑，它是价值中立的、普遍的社会科学，还是与西方特定利益集团相联系的社会科学？它是科学还是意识形态？

在20世纪初，我国社会科学接受的是欧美的学术传统。但是，当时正是中华民族生死存亡的关键时期，相对于传统文化，西方社会科学最重要的功能与其说是解决具体的社会问题，不如说是使中国人放眼世界，认识西方，同时也更深入地从经济、政治制度等角度认识中国，认识中国在世界发展格局中的位置，寻找中国的出路。社会科学更具有世界观的色彩。在那个政治、军事斗争白热化的时代，社会科学都在不同程度上为这些斗争服务，其中最有代表性的是历史科学。

新中国"一边倒"完全接受了苏联的学科体制，阶级性和社会科学的内在联系作为马克思主义认识论的基本原则为人们所接受，而西方社会科学作为资产阶级的社会科学受到批判和取消。但是，由于在此期间的"极左"思潮，阶级性与社会科学的关系被教条化、外在化，把社会科学意识形态化，凭借长官意志动辄以社会科学的阶级性来干预社会科学学术活动，压制思想的自主空间，以至于人们闻"阶级性"而色变。

改革开放以来，我国学科体制迅速地再次向西方主流社会科学靠拢。西方社会科学所信守的价值中立原则成为学者们乐于接受的原则，并根据这一原则把西方社会科学理解为价值无涉的科学。这与其说是对社会科学性质的理解，不如说是对"极左"思潮的情绪化反应。毋庸置疑，西方社会科学在我国的传播，使我们能够放眼世界，也使我们更深刻地认识和了解自身，它为我国建构现代民族国家提供了重要的思想资源，在我国现代化进程中发挥着重要作用。

但是，另一方面，人们把西方社会科学理解为与自然科学相似的、价值中立的社会科学，而忽视了它的意识形态维度。社会科学被认为是对人类活动规律的概括总结，是普遍适用的。人们更多的是在普遍与特殊的思维模式中看待西方社会科学与我国国情的关系，把这一关系理解为要将社会科学的普遍规律与中国的实际情况相结合，既不能将西方的一般理论教条化，也不能片面强调中国的特殊性。中国是这种普遍规律的一个特例，只有在这种普遍规律中,才能真正认识、理解中国。更进一步,任何社会现象都必须纳入西方话语体系中去解释,才能算是真正的科学认识。在学科建设中,我们对西方社会科学翻译、介绍的多,反思和批判的少。在一些高校中,不加批判地照搬西方教材,甚至以原版教材为荣。西方社会科学的话语已经开始统治着我国社会科学领域。

西方社会科学统治我国社会科学领域的现状不能不引起有识之士的担忧,学者们针对以经济学为代表的西方社会科学的性质及其在我国现代化中的作用展开了激烈争论。

1995年,陈岱孙先生撰文提出"新自由主义代表西方国家垄断资产阶级的利益"①,学者要克服对西方经济学的崇拜,坚持马克思主义立场,坚持民族利益。同年,吴易风教授发表了访俄报告《俄罗斯经济学家谈俄罗斯经济和中国经济问题》,介绍了俄罗斯学者对其改革失败的反思,指出迷信西方社会科学给改革带来的危害。文中谈到:"俄罗斯经济学家有不少人喜欢西方的特别是美国的自由主义经济学,他们不研究本国的实际,只研究弗里德曼的书和萨克斯的书,就说应该怎样怎样,其结果,给俄罗斯带来了一场空前的大灾难。"② 语锋直指新自由主义及其危害,引起了学术界的热烈反响和激烈争论。

随后,学者们在《读书》杂志上就价值关怀与社会科学的关系相继发表文章展开争论。首先是经济学者何清涟的《为经济学引回人文关怀》、《经济学理论和"屠龙术"》等文章,对经济学不关心社会公正、不能解决现实问题的现状提出了批判。不

---

① 陈岱孙:《当前西方经济学研究工作的几点看法》,载《经济研究参考》,1996年第一期。
② 吴易风:《俄罗斯经济学家谈俄罗斯经济和中国经济问题》,载《高校理论战线》,1995年第12期。

久，经济学家樊纲发表《"不道德的"经济学》，提出："经济学本身不谈道德！经济学不想'越俎代庖'，去干伦理学家、哲学家、文学家、政治家、传教士以及各种思想工作者的工作。"①这篇文章引起巨大争议。姚新勇、张曙光等学者相继发表文章展开争论。

近年来，对经济学家的批判、质疑越演越烈，不仅在学术领域，而且进入大众传媒。许多人认为经济学家们都是为特定的利益集团代言，经济学并非科学，而是为特定利益集团进行论证的意识形态。

2004 年，香港教授郎咸平教授在媒体发表《质疑 TCL 产权改革方案》一文，引起轩然大波，学者们就产权改革和新自由主义经济学展开争论，被媒体称之为"郎旋风"。不久，著名经济学家刘国光先生在《高校理论战线》发表《对经济学教学和研究中一些问题的看法》，提出"当前经济学教学与研究中西方经济学的影响上升、马克思主义经济学的指导地位被削弱和边缘化的状况令人担忧"，② 改革开放必须以马克思主义为指导。这篇文章在经济学界引起震动，西方经济学的地位、马克思主义的指导地位以及西方社会科学在决策中的作用等问题，成为争论的焦点。

这些争论使人们重新反思社会科学的性质问题，尤其是西方社会科学的性质和它们在中国现代化中的作用问题。社会科学是可以为所有的国家，所有的社会集团服务的价值中立的社会科学呢，还是具有阶级性的呢？如果是后者，那么，西方社会科学是否代表西方统治集团的利益？社会科学的性质、它在社会决策中

---

① 樊纲：《"不道德"的经济学》，载《读书》，1998 年第一期，第 52 页。
② 刘国光：《对经济学教学和研究中一些问题的思考》，载《高校理论战线》，2005 年第 9 期。

扮演的角色、社会科学与意识形态及利益集团的关系等问题尖锐地摆在了人们面前。

6.1.2 国家战略利益与社会科学

在第四章已经论及，从资本主义世界体系的角度来看，为西方资本主义积累体制服务的西方社会科学，实际上是西方中心国家体制中的一种地缘文化，它是为了中心国家的政治、经济服务的。西方社会科学是与世界体系中不平等的政治经济秩序相对应的认知符号体系，同时，它也是统治的符号体系，它反映这一体系，将西方的体制普遍化，并不断地维护这一体系。在中心与边缘国家之间剥削与被剥削、压迫与被压迫的这种语境中，西方社会科学不可避免地渗透着控制、压迫边缘国家的因素。对边缘国家而言，西方社会科学具有意识形态的因素。西方社会科学总是从中心国家的资本积累的利益出发来思考问题，在它的概念框架中包含着欧洲中心主义，这种"欧洲中心主义包括一整套信条，这些信条是经验主义现实的说明，教育者和不带偏见的欧洲人把这些说明看作是真理，看作是得到'事实'支持的命题"[1]，也可以说，是一些理所当然的偏见。这些框架融会了中心国家对自身和对世界体系中其他边缘国家的理解。它以欧洲眼光来看待世界，把特定历史条件下的现代世界体系自然化、合法化，从而掩饰着世界体系中心国家与边缘国家剥削与被剥削、制约与被制约的关系，掩饰着西方国家的发达与其他国家的不发达的历史与现实的内在联系，掩饰着世界体系中的掠夺机制。

作为科学来说，普遍性和客观性是其基本特征。但是，就社会科学来说，它的普遍性是有其局限的。这是因为，社会科学研究是一种体制化的研究行为，它必然以国家利益为中心。近现代

---

[1] ［美］布劳特：《殖民者的世界模式》，社会科学文献出版社，2002年，第10页。

以来，西方就一直处于以民族国家为单位的战略博弈之中。西方社会科学就是产生于国家的政治、经济发展的经验并上升为原则。而国家也不遗余力资助符合自己战略利益需要的学说。国家战略与社会科学的这种关系，限制着社会科学的普遍性。

我们以英美最为流行的自由贸易理论与英美国家战略的关系变化为例：

自由贸易理论认为，根据相对优势，各国都生产生产费用比较低的商品，其他商品向别的国家购买，就可以形成合理的国际分工，而这种分工形成的最重要的条件就是取消国家的干预，充分发挥自发的自由竞争。英美的繁荣就来自于这种自由贸易。英美也不停地在世界范围内传播这种理论。

但是，从历史进程来看，英美完全是根据国家战略利益需要来对待自由贸易理论。

先看英国，英国是自由贸易的先驱。但是，与人们想象的正相反，并不是自由贸易带来工业的发达，而是工业发达之后英国才实行自由贸易。

英国最初是积极地向其他国家不断的学习、模仿各种技术，在自己的国家建立相应的工业，并且通过禁止同类产品进口或高额关税，保护相关产业，并通过长达几个世纪的精心保护，促进其不断地发展、成熟。最有代表性的例子就是印度的棉织品和丝织品。印度产品物美价廉，但是，"英国自己弃之不顾，它宁可使用质量较差、代价较昂的它自己的产品。"①

只是到了19世纪，英国工业真正成熟之后，英国才开始实行自由贸易国策。不仅如此，英国政府通过提供"机密费"，向其他国家传播亚当·斯密、大卫·李嘉图的自由贸易理论，操纵

---

① ［德］弗里德里希·李斯特：《政治经济学的国民体系》，商务印书馆，1961年，第44页。

国外的舆论，影响其他国家的政策。以至于在德国，"所有受过科学教育的从业人员，所有报纸编辑，所有关于政治经济学的作家，都受到了世界主义学派的熏陶和传染，对于任何一种保护税制都认为在理论上是站不住脚的，是犯忌的。"①

德国经济学家李斯特指出了自由贸易理论与英国国家战略利益之间的紧密关系，"是经过细致加工、彻底条理化的一套理论，是一个完整的学派，是一个强有力的党派，在每一个议会、每一个学术团体中都有它的拥护者，还有最重要的一点是它拥有一个强大的动力——金钱"②。自由放任的古典经济学是为了作为霸权国家英国资本积累的需要服务的，而这是与英国作为世界的经济、金融、贸易中心相联系，它确实适合英国的利益，但对其他国家，就要另当别论了。

实际上，当今的霸权国家——美国，也经历了从贸易保护主义向自由放任主义转变，而且是青出于蓝而胜于蓝。

在美国的发展历史中，亚历山大·汉密尔顿系统地提出了以贸易保护发展幼稚产业的主张。在美国内战中，代表北方工业的利益集团战胜了南方的农业利益集团，贸易保护主义思想战胜了自由贸易主义思想。19世纪中期，"美国不仅是最强大的贸易保护主义堡垒，而且也是抱有贸易保护思想的学士聚集地"③。出现了丹尼尔·雷蒙德、马修·凯里、亨利·克莱、亨利·凯里等有重要影响的经济学家。第一次世界大战中，美国贷款给英法等国，大发战争财，成了欧洲各国的债主。战后的欧洲已经没有了

---

① ［德］弗里德里希·李斯特：《政治经济学的国民体系》，商务印书馆，1961年，第5页。

② ［德］弗里德里希·李斯特：《政治经济学的国民体系》，商务印书馆，1961年版，第5页。

③ ［英］张夏准：《富国陷阱—发达国家为何踢开梯子》，社会科学文献出版社，2007年，第53页。

偿付能力，德国无力进行战争赔偿，英法等国也无力偿还美国的贷款。正常的途径是，英法等国通过扩大出口偿还美国的债务。但是，一方面，美国坚决追讨欧洲债务；另一方面，为了保护本国的制造商免受欧洲国家先进制造业的竞争，美国置欧洲于不顾，不断提高关税，从而导致了世界贸易的崩溃。

第二次世界大战中，美国通过租借法案，再次大发战争财，其科技、工业、金融、军事都名副其实地成为世界之首。这时，国内市场已经无法容纳美国的工业生产能力，为了维护经济繁荣和充分就业，美国需要更大的国际市场。1947年，美国总统杜鲁门在得克萨斯的贝勒大学讲演，毫不犹豫地提出"美国人认为有一件事要比和平更重要，那就是自由——信仰自由、言论自由、经营自由"①。此时，美国不再像20世纪20—30年代那样，用贸易保护主义把自己孤立起来，而是主动出手，在自由放任的原则上重建战后秩序。

在这之后，提倡贸易保护的经济学家们从思想史中消失了。亚当·斯密和大卫·李嘉图的自由贸易及其改良版占据了中心位置，成为理所当然的经济学原理。在极具影响的《经济学》（第10版）教科书中，萨谬尔森这样写道："比较有利条件的原理可以被推广应用于任何数量的不同用品，而比较高深的著作可以说明：它能应用于任何数量的不同国家和地区……相对有利条件论仍然对真理做出了非常重要的一瞥。像这样富于成果的理论在政治经济学中是不多见的。忽视相对有利条件论的国家会在生活水平和增长潜力方面付出承重代价。"②"任何一个愿意思考关税问题并且不执偏见的读者不能不看到：大多数赞成保护关税的论点

---

① ［美］赫伯特·席勒：《大众传媒与美利坚帝国》，上海世纪出版集团，2006年，第5页。
② ［美］萨谬尔森：《经济学》（下），商务印书馆，1982年，第54－55页。

是多么浅薄。"① 当然,以萨谬尔森的学识,不可能不知道贸易保护作为美国国策在美国历史发展中的作用,他不得不又附加了一句:"唯一真正的例外是幼年行业或青年经济的论点。"② 同时,美国也开始像英国那样在世界范围内推销这种理论。

从英美的历史来看,自由贸易理论有一定的普遍性,这就是它适合于工业水平较高的国家,但是,对于工业处于发展中的国家,则不适用。

这里核心的问题就是处于不同发展阶段,在国际分工中处于不同地位的国家总是在不断地进行利益博弈。而社会科学作为国家的一种体制,不可能不围绕着国家利益。但是,社会科学作为科学,总要抽象掉诸多现实因素,追求普遍性的模型,而这种模型又往往建立在一些现实世界根本不存在的前提假设上。自由贸易理论只看到经济领域的分工合作,而国家间的利益斗争则被忽视了。更有意思的是,社会科学追求普遍性,一方面,在现实中它以国家利益为中心,另一方面,在追求普遍性的过程中,国家利益与国家利益间的博弈过程被抽象掉了。于是,单个国家成为普遍型理论的特例。亚当·斯密和大卫·李嘉图的自由贸易理论,一方面符合英国的国家战略利益,另一方面,理论的普遍性与客观性又巧妙地掩饰了国家战略利益的痕迹。

6.1.3 西方社会科学与文化操纵

英美以贸易保护为国策发展工业,一旦工业发展成熟,又在世界范围内宣传自由贸易理论,攻击贸易保护主义。而在今天,这种手法仍然一而再、再而三地进行。霸权国家不断地向发展中国家施加压力,要求其实行一系列"好政策"和"好制度",这些政策和制度是发达国家所应用的政策和制度,是西方之所以发

---

① [美] 萨谬尔森:《经济学》(下),商务印书馆,1982年,第88页。
② [美] 萨谬尔森:《经济学》(下),商务印书馆,1982年,第88页。

达的原因,也是穷国发展的灵丹妙药。

但是,英国学者张夏准认为:"这个问题的简单答案是:发达国家并不是通过使用那些他们向发展中国家所推荐的政策和制度而得到今天的地位的……那么发达国家不是在打着推荐'好'的政策和制度的幌子,而实际上是让发展中国家不能运用那些在早期为了发展经济而运用过的政策和制度吗?"[①] 西方国家是在踢开梯子,设置陷阱,不让发展中国家发展起来。

西方国家把对自己有利,对发展中国家有害的政策、制度,包装成"好"的政策、制度,来误导发展中国家,这个过程本质上是一个文化操纵的过程,而西方社会科学在其中扮演了一个重要角色。

英国以"机要费"传播自由贸易理论,误导其他国家的思想意识,并进而影响国家决策,这是比较早的文化操纵。而大规模的文化操纵是在西方帝国主义列强争霸的战争中形成的,经过了宣传战、心理战和文化冷战等阶段。

资本主义生产的性质决定了西方帝国主义列强的争霸战争是经济、政治、军事、文化的总体战,胜利者得到一切,而失败者只能躺下。为了提高民心士气,政府通过控制舆论进行宣传战成为了战争的重要组成部分。

在第一次世界大战中,英、法、德等交战双方开始了大规模宣传。通过宣传,把己方塑造为正义的,把对方塑造为邪恶的,以此激起国民中的斗志,坚定胜利信心。同时维持盟国之间的紧密联系,拉拢中立国,并利用各种手段瓦解敌方的士气。当时,英法已经开始印制各种宣传物品,通过飞机、气球在德军阵地上播撒,其内容往往是一些捏造的谣言,以打击德军的士气。

---

① [英]张夏准:《富国陷阱—发达国家为何踢开梯子》,社会科学文献出版社,2007年,第3页。

第6章 社会科学的本土化:构建批判的社会科学

美国学者哈罗德·D·拉斯韦尔最先研究了第一次世界大战中敌对双方的宣传活动,揭露了宣传战的本质:"通过宣传意味着不通过改变客观条件……来控制人们的精神状态。它仅仅指通过重要的符号,或者更具体地但是不那么准确地说,就是通过故事、谣言、报道、图片以及社会传播的其他形式来控制意见。"①换句话,就是通过文化符号、信息传媒对人的思想意识进行操纵。应该说,这一时期的宣传战还处于自发的状态,其目标往往是与战争的具体目标相联系的,大多数是短期和暂时的战术行为,宣传的技巧还不熟练。

一战以后,宣传战成为人们研究的热点,同时,商业推销也需要有打动人心的广告来塑造消费者。政治和商业推动着社会科学对大众心理的机制和运作方式的研究。这一时期,出现了以哈罗德·D·拉斯韦尔的《世界大战中的宣传技巧》、麦克杜格尔(William Mc Dougall)的著作《群体心理》、伯奈斯的《透视民意》(Crystallizing Public Opinion)、法国学者拉斯克(Jules Rassak)的《舆论心理学和政治宣传》等有影响的标志性著作。而早已出版的古斯塔夫·勒庞的社会心理学著作《乌合之众》,重新引起了人们的重视。这样,在一战结束到二战期间,宣传拥有了社会心理学、本能心理学、公共关系、现代传播等学科的支撑。

更重要的是,西方国家已经有了明确的文化战略意识,拥有了更先进的传媒手段,其目标不再是暂时的,而是根据长期战略目标,通过大众传媒,以文化产品作为扩张势力范围的手段,通过影响对方的文化心理达到政治目的。宣传战发展为心理战。

在一战结束后,德国、英国、意大利、日本纷纷向自己预期

---

① [法]哈罗德·D·拉斯韦尔:《世界大战中的宣传技巧》,中国人民大学出版社,2003年,第22页。

的战略目标区域展开大规模的广播。1930年代末，美国开始将拉美作为自己的势力范围，对其进行渗透。为此，美国总统罗斯福动员公共关系方面的专家来研究接近拉美国家的最佳形式，并在1938年6月成立文化关系处，全面负责这一任务①。此后，《时代》杂志和《读者文摘》都开始有了西班牙文版。迪斯尼动画片被定为"亲善大使"，制作了一批电影和戏剧动画，产生了一些在西班牙、巴西和墨西哥家喻户晓的卡通形象。与此同时，美国对拉美地区的投资大规模上升。美国开始把地缘战略目标与文化战略目标紧密地结合起来。

二战以后，在以美苏为核心的社会主义和资本主义两大阵营的对抗中，继心理战之后又出现了文化冷战，也被称之为意识形态战。

这一时期，以美苏为首的社会主义和资本主义两大阵营已经形成。旧的殖民体系开始解体，亚非拉地区民族独立、革命风起云涌。苏联的社会主义建设成就及其在二战中挽狂澜于即倒的历史作用，给全世界留下了深刻印象，社会主义被许多第三世界国家和欧洲知识分子视为人类发展的未来。由于核武器的出现，美苏之间的军事征服已经不可想象。因此，意识形态之争成了最重要的斗争形式，文化操纵被摆在了核心地位。

为了维护自己的霸权地位，消解苏联在世界范围的影响，美国制定详细的计划，耗费巨资，在文化领域展开了全方位争夺。其目标是让人们接受，美国的发展道路是唯一正确的发展道路。针对苏联的政治经济制度特征，美国通过文化渗透，先控制知识分子，进而颠覆对方的社会心理、意识，然后操纵对方的经济与政治决策，达到不战而屈人之兵的目的。随着苏联巨人轰然倒

---

① [法]阿芒·马特拉：《世界传播与文化霸权——思想与战略的历史》，中央编译出版社，2005年，第92页。

地，美国的意识形态战大获全胜。

在文化操纵过程中，西方社会科学发挥着重要作用。

西方社会科学为发展中国家描绘了发展的蓝图以及实现的途径。应该说，西方社会科学对西方发达国家的经济、政治和文化以及国际政治、经济体系都有深入细致的研究，并且已经高度系统化、理论化。从西方国家的角度看，它对认识复杂的现代社会的特征和规律、解决社会问题发挥着极其重要作用。西方国家向发展中国家所要推行的政策、制度自然都是以社会科学的形式出现。而社会科学严密的科学化论证具有更大的说服力和影响力。

西方社会科学为美国提供了文化操纵的手段。

美国的社会心理操控技术研究非常发达，涉及心理学、符号学等学科。20世纪初，以勒庞为代表的心理学家研究了情绪诱导在社会活动中的作用。在这之后，潜意识研究成为重心。1938年，弗洛伊德的学生恩斯特·迪赫捷尔来到美国，开始研究商业广告中的潜意识操纵问题，并创立了美国行为动机研究所。1960年，他成为肯尼迪的选举顾问，把意识操纵研究引入政治领域。后来，这一领域的研究得到了解释学、符号学、民族学和文化学的补充。另一位著名心理学家卢伊·切斯金是美国颜色研究所所长，对通过颜色影响潜意识进行了广泛研究。20世纪70年代，以弗里德里克·斯金纳的新行为主义产生了很大影响，成为意识操纵研究的重要组成部分。①

为了加强对第三世界国家的控制，美国进行了大量的跨文化研究，重点集中在对每个国家内部群体冲突的文化、经济和政治条件的研究。在社会学和人类学调查科研立项中，"社会科学方面的研究合同优先考虑的问题是少数民族的精英，研究他们的价

---

① ［俄］谢·卡拉－穆尔扎：《论意识操纵》，社会科学文献出版社，2004年，第88页、第89页。

值观,他们面对心理战的脆弱性,它们的社会关系和它们的传播制度。同时受到特别重视的是对少数民族和宗教分析和地方军事能力在承担国家发展的领导权方面的演变。"①

从操纵文化意识的角度看,通过社会科学理论让发展中国家接受一套政策和制度(自然有利于西方而有害于发展中国家),与通过广告促销某种商品并没有本质区别。在这里最重要的是让人们觉得社会科学是客观的、中立的。

美国在以社会科学进行文化操纵时都是秘密渠道,这就是以学术交流为掩饰,由美国政府(主要是中央情报局)背后操纵的文化输出。从冷战时期开始,美国就以秘密的文化战争夺文化霸权。中央情报局在社会科学、宗教、艺术、文学等领域,不断推出美国文化,争取世界范围的知识分子认同美国文化、美国制度和政策。另一方面,不断妖魔化社会主义制度,进行意识形态渗透。为了掩饰这些活动,中央情报局往往成立一些外围基金会,把资金打入基金会账户,钱"洗"干净之后,再来资助他们看中的知识分子和由他们成立的文化组织。另外,一些著名的基金会如福特基金会、洛克菲勒基金会等,其领导人与中央情报局有着千丝万缕的联系,经常主动为中央情报局排忧解难。以中央情报局在冷战期间操纵的最著名的文化组织"文化自由同盟"为例:该组织的目的就是与苏联在世界范围内争夺人心,宣传美国的价值理念。在60年代中期鼎盛时,该组织影响巨大,在35个国家设有办事处,雇佣280名工作人员,用几十种语言出版20多种有影响的刊物,举办各种艺术展览、音乐会、高水平的国际会议等文化活动。仅1966年这个组织的活动经费就达200

---

① [法]阿芒·马特拉:《世界传播与文化霸权——思想与战略的历史》,中央编译出版社,2005年,第124页。

万美元。①

雷蒙德·阿隆、汉娜·阿伦特、丹尼尔·贝尔、爱德华·席尔斯等著名社会科学家都是这一组织的重要成员。这一组织在上个世纪50年代举行了一系列国际会议，这些议题包括："宣传科学、教学与研究自由的思想"（1953年汉堡）；"自由与未来"（1955年米兰，提出著名的意识形态终结论）；"经济增长问题"（1957年日本，主旨是讨论没有国家控制也可以达到经济高速增长）；"苏联最近的变化，以及这个政权自由化的可能性"（1957年牛津大学）；"能否可以期望源自西方的民主政体在亚非扎根并解决现代化问题"（1958年罗得岛）②。从这些学术会议主题来看，它明显是与为美国输出自己的政治经济制度，主导世界经济政治秩序的战略意图密切相连的。但是，所有这些会议表面上又都与美国政府无关，是由民间基金会资助的民间学术会议。

而这里显露的，只是美国以社会科学进行文化操纵的冰山一角而已。

6.1.4 西方社会科学在中国的意识形态化与我国的文化自主性问题

正因为社会科学具有认知的符号体系和意义的符号体系，在西方社会中，西方社会科学具有反映、认知社会的能力，也具有论证这一社会体系合法性能力。但是，当西方社会科学进入边缘国家，就有可能失去其科学性，从而成为完全的意识形态。

这种转变涉及四个层面的问题。首先是社会科学理论应用的复杂性问题。西方社会科学在自身社会的应用中有很多不言而

---

① ［澳］彼得·科尔曼：《自由派的阴谋—文化自由同盟与战后欧洲人心的争夺》，东方出版社，1993年，第268页。

② ［澳］彼得·科尔曼：《自由派的阴谋—文化自由同盟与战后欧洲人心的争夺》，东方出版社，1993年，第六章"柏拉图式盛宴"。

喻、可以忽略的前提，但是，这些前提虽然被忽视，却仍是社会科学科学性的保证。当它转移到其他国家时，这些前提因素就不存在了，社会科学就会"失灵"了。其次，社会科学描述的社会的规律是不同于自然规律的规则，它与社会文化传统密切相连。因此，即使是同样的外部条件，由于不同的传统、不同的规则，社会就会有不同的结构、秩序，人们会有不同的行为。第三，当今的世界体系是一个不平等、不公正的国际秩序。在世界体系中处于不同地位的国家，就会产生相互冲突的利益，而相互冲突的利益会产生不同的理论视角，进而要求形成不同的概念体系和理论框架。最鲜明的例子就是以相对优势理论为核心自由贸易理论与生产力理论为核心的幼稚工业保护理论。就此而言，西方社会科学是与西方在的世界体系中心的地位及其利益及其相应的，其理论视角有内在的联系，而边缘国家由于在世界体系中不同的地缘位置、不同的利益，必然要求有不同的理论视角，进而要求不同的理论框架。第四点，就是西方国家为了自身的利益，有意识地通过社会科学对其他国家进行文化操纵，误导这些国家的政策。因此，当西方社会科学来到边缘国家时，就有可能失去其描述、预测和控制社会的功能。当它作为科学的维度消失、其作为统治工具的维度凸显之时，西方社会科学就嬗变成了维护西方霸权地位的意识形态。

我国在当今的世界体系中处于边缘或是半边缘的位置，西方社会科学来到我国，也存在着从社会科学向意识形态嬗变的可能性，这对我国文化自主性是一个重要的、潜在的不安定因素。这一问题应该引起我们的高度重视。

文化为社会中的个人提供意义，提供一种社会形象，从而使个人与社会、他人的互动成为可能，使整个社会成为有意义的、可理解的。文化为人提供了活动的指向、方式，是社会生产和再生产的符号中介。文化自主性是指某种文化在自信、自觉基础上的自我认同、自我发展能力，是既能借鉴外来文化，又能反思自身，提升自身而又不失去自身的能力。具有高度自主性的社会主义文化是我国在资本主义世界体系中走社会主义道路有力的思想保障。因此，西方文化霸权的主要目标就是渗透进社会主义文化核心，在思想领域产生混乱，使人们对社会主义文化失去自信、自尊和自觉，丧失对西方文化的批判、分析能力，破坏我国社会主义文化自主性，进而把我国的经济、政治纳入其所预想的轨道，使我国成为其附庸。

在西方文化霸权对我国社会主义文化自主性的侵蚀过程中，西方社会科学在其中所起的作用往往为人们所忽视。

在现代社会中，现代教育机制是现代社会的文化中心、教育中心和科研中心，是现代社会再生产的最重要的文化机制，引导着社会文化发展方向。就我国来说，随着社会科学的繁荣，社会科学已经成为教育体制中极其重要的组成部分。它为社会培养各种技术人才、管理人才，更重要的是，在一个科学的时代，社会科学已经成为认识社会最主要的形式，成为决策合理性的根据，甚至成为一个社会政治经济结构合理性的根据。它对社会的辐射作用、对人们的文化观念的影响是无法估量的。

但是，近年来，我国社会科学研究和教育领域出现了畸形的移植特征，西方学术话语占据了统治地位。西方的学术机制被机械地移植过来，西方的教材被原版引进，西方的学术也被简单地移植了过来。西方的学者被捧为大师，走马灯似的进入我国学术界，西方的学术思想在未经细致研究批判的情况下，就被拿来对中国的社会实践颐指气使。更有甚者，规定中国学者的文章必须发表在西方的刊物上。西方自有西方的社会问题和研究热点，但这未必是中国所关注的问题，这在某种意义是要求把西方的问题作为我们的问题来研究。这样一来，西方学术话语流行，我国社会历史的经验材料只有纳入西方理论话语才能得到认可，可以说达到了"无西不能学术","非西不能学术"的地步。

在我国学术研究和教育领域的这种倾向中,西方成为社会科学的生产者,而中国学术界只是引进、组装、应用这些知识。这种特征极其接近拉美的"异化"文化特征,特奥托尼奥·多斯桑托斯指出,拉美的这种"异化"文化,"就是拉美文化简单地模仿在殖民中心占统治地位的文化进程。拉美知识分子从宗主国的角度,按照宗主国的利益、标准和价值观念看待自己的国家。"① 可以说,在我国社会科学领域自主性缺失,出现了严重的依附性特征。

但是,也正因为这一点,当我们的教育机制不加批判、不加反思地传播西方社会科学时,就会将西方社会科学中潜藏的意识形态作为科学来传播。在这一过程中,社会成员就会在不知不觉间接受这些观念,并按照这些观念在经济、政治、文化实践中进行决策。而这些观念是与西方的社会秩序和全球政治经济秩序相对应的,它们不断维护和生产这些秩序。因此,一旦人们把这些观念作为科学事实接受,那么,也就将当今的不平等的世界体系合理化了,不是将其看作特定民族、阶级权力关系的产物,而是看作永恒的自然秩序,是必然的、合理的。更加严重的是,当这些观念成为社会实践者理所当然的文化观念时,成为一种无意识时,这些社会成员就会在社会实践中不自觉地应用这种观念,体现这种观念,并且再生产这种观念,并在这一过程中产生与之相应的社会秩序。不言而喻,作为一个边缘国家,我国在不平等的全球经济秩序中,自身的发展受到霸权国家在经济、政治上的制约。我国社会要和谐、健康地发展,必然要求打破这种不平等、不公正的秩序。但是,一旦未经反思的西方社会科学化为社会成

---

① [巴西]特奥托尼奥·多斯桑托斯:《帝国主义与依附》,社会科学文献出版社,1992年,第292页。

员的文化观念,一种不言而喻的文化无意识,那么,人们就会用这种文化观念解释一切。这时,我们无异于用别人的眼睛看问题,从人家的利益出发来思考问题,就会对社会发展做出错误的理解、错误的决策,有可能在无意间落入西方意识形态的陷阱,将自身纳入以西方为主导的不公正的世界体系之中而不知。

西方社会科学向意识形态嬗变的可能性及其危害理应引起人们的重视。但是,这里不是要走向另一个极端,拒斥西方社会科学,抹杀其作为人类文化优秀成果的一面。而是主张对西方社会科学中渗透的价值、意识形态、它的理论视角、概念框架进行审视、反思。加强社会科学中自主意识、本土意识,使其为社会主义现代化建设发挥更大的作用。

6.2 社会科学本土化中的视角转移

由于西方社会科学在我国出现了"水土不服"和意识形态化的现象,西方社会科学的本土化问题已经成为当务之急。但是,在学术界,本土化的讨论往往被局限于普遍与特殊这一关系中,而这一关系又是以普遍规律为前提。西方社会科学在中国的本土化被理解为要将社会科学的普遍规律与中国的实际情况相结合,既不能将西方的一般理论教条化,也不能片面强调中国的特殊性。但是,这种貌似辩证的理解并不能真正地实现西方社会科学的本土化,而是更深地陷入西方的话语霸权之中。

6.2.1 普遍性与特殊性——一个思维陷阱

现代社会科学研究是以一套学科规训制度的形式存在,它不可避免地以国家利益为认知旨趣,而国家间相互之间复杂的利益关系,自然会影响社会科学的视角,进而形成相应的概念体系和理论框架,而国家利益就贯穿其中。从国家的角度来说,社会科学的普遍性受到了局限型。"'视角'在这种意义下表示一个人观察事物的方式,它所观察的东西以及他怎样在思想中构建这种东西，所以，视角不仅仅是思想外形的决定，它也指思想结构中质的成分"①。因而，"社会科学的基本命题既不是无意识的外部的，也不是无意识的形式，它们也没有出现为纯粹量的关系，而是呈现为对情况的判断，在这些判断中，我们大体上运用了为现实生活的行动目的而创造的同样一些概念和思想模式。此外，很明显的是，每一种社会科学的判断都与观察者的估价和无意识取向紧密地联系在一起……。"② 就此而言，澄清社会科学的性质必然要求澄清其在特定语境中产生的认知视角。而对社会科学的普遍性理解，正是产生于西方社会特定历史背景下的视角。

西方社会科学真正的制度化发生于19世纪中叶，这一时期的社会矛盾决定了其认知的视角，也决定了西方社会科学的基本特征。

现代世界是随着西方资本主义的兴起及扩张而形成的，是一个以资本积累为中心和动力的历史体系，这一进程导致了巨大的社会冲突。为了资本积累的需要，西方资产阶级一方面必须摧毁一切阻碍资本积累的社会因素，同时，又不能使社会变革危及资本积累机制。因此，作为西方主流意识形态的自由主义要求控制社会进程，希望能够通过认识社会而控制社会进程，来维护和推动资本积累机制。社会科学的兴起与世界体系中心国家的这一认知视角紧密相连。作为一种资本主义世界体系的地缘文化，"社会科学生来就是自由主义意识形态的学术搭档"。③

西方社会科学的视角决定了社会科学的主要特征。一个主要

---

① ［德］卡尔·曼海姆：《意识形态与乌托邦》，商务印书馆，2000年，第277页。

② ［德］卡尔·曼海姆：《意识形态与乌托邦》，商务印书馆，2000年，第471页。

③ ［美］沃勒斯坦：《所知世界的终结》，社会科学文献出版社，2002年，第169页。

特征是，它以控制社会为目标，从而形成了社会科学中占主流地位的实证主义传统。这一传统把自然科学看作科学的最高形式，社会科学与自然科学没有本质的区别，通过在社会科学中应用自然科学的方法，就能使社会科学成为真正的科学，把握社会的普遍规律。社会科学具有自然科学相同的普遍性。实证主义坚持经验检验的原则，任何经验无法检验的陈述都被视为无意义，进而拒绝对最终原因的追问，转而以对社会现象的最大解释力和预测力作为标准。因此，社会科学是价值中立的知识，是中性的工具，超越于社会的冲突之上。另一个主要特征就是欧洲中心主义。西方社会科学是为了解决居于世界体系中心的西方国家的问题。从资本积累的角度看，它总是从中心国家的资本积累的利益出发来思考问题，其中不可避免地渗透着控制被压迫者和其他殖民国家的因素。但是，社会科学的普遍性恰恰掩饰了这一点。

　　社会科学追求普遍规律也是我国思想界认同的目标。社会规律和历史规律具有普遍性，这种普遍性就蕴涵在特殊的社会历史当中。通过对特殊社会历史经验进行研究与抽象，就能得到普遍性。但是，不能割裂普遍性与特殊性的关系，如果过于强调特殊性就会走向经验主义，而过于强调普遍性从而走向教条主义，忽视了具体条件的变化。在应用社会科学理论时，不要僵化地应用其具体结论，而是对其基本理论在具体条件下的灵活应用，或者，再退后一步，是应用其研究的方法。但是，这种思维模式还是在根本上过于简化地肯定了社会科学的普遍性。而正是这种对西方社会科学普遍性的理解，为西方社会科学在我国的霸权地位提供了思想基础。

　　从这种思维模式出发，西方社会科学虽然是对西方社会、历史规律的概括总结，但它是寓于特殊社会之中的普遍性，是一种中立的科学知识，与不同国家、不同社会集团的利益、目标没有内在联系，任何集团、任何国家都可以利用它为自己服务。作为从社会中归纳出来的普遍规律，我们的任务就是在中国具体的社会条件下应用这一普遍规律，或者，应用西方社会科学具有普遍意义的研究方法。

而且，西方是社会发展的更高阶段，是历史的逻辑、社会的规律充分展现的地方，因此，对中国这样的国家来说，西方社会科学所揭示的普遍规律，更具有前瞻性，更富有指导意义，更具有"启蒙"的意义。用西方社会科学审视中国的问题，就像用一个成年人的经验指导青年人。

在这个过程中，"把西方发展过程中的问题及西方理论旨在回答的问题虚构为中国的问题；把西方迈入现代社会后所抽象概括出来的种种现代性因素倒果为因地视做中国推进现代化的前提性条件；把中国传统视为中国向现代社会转型的障碍而进行整体性批判及否定；忽略对西方因其发展的自主自发性而不构成问题、但对示范压力下的中国的发展却构成问题的问题进行研究；在西方的理论未经分析和批判以及其理论预设未经中国经验验证的情况下就视其为当然，进而对中国的社会事实做非此即彼的判断。"[①]

实际上，社会科学的普遍性并非是理所当然的，只是由于实证主义科学观的影响，这个存在巨大争议的问题被人们所忽视了。

在社会科学发展的历史上，对于社会科学的普遍性这个问题，就存在着历史主义与世界主义的争论。德国历史主义认为，人类社会总是处于不断的演变过程中，不同的民族、国家处于不同的发展过程，不存在适用于所有民族的经济规律，所以，就经济学来说，只存在个别国家为研究对象的"国民经济学"，而这种研究不能通过抽象逻辑推演，而是要对经济发展历史进行细致

---

① 邓正来：《研究与反思——关于中国社会科学自主性的思考》，中国政法大学出版社，2004年，第118页。

研究，这种研究还不能脱离这个国家经济、政治、文化的整体历史。追求独特型、历史性和整体性是历史主义的整体特征。而世界主义则是以英国古典经济学为代表，往往从抽象的个人的某些特征出发，通过逻辑推演，构建普世性的经济学体系。

二者最早的争论可以追溯到德国经济学家弗里德里希·李斯特对英国以自由贸易为核心的古典经济学的批判，他认为只有以国家为对象的"国民经济学"，而英国古典经济学的世界主义是建立在不存在的虚构前提的基础上的。而影响最大的争论发生在19世纪末和20世纪初，即以古斯塔夫·施穆勒为代表的历史学派与卡尔·门格尔为代表的奥地利学派，奥地利学派是在古典经济学影响下形成的经济学派。二者就经济学是分析的还是历史，描述历史还是寻求普遍的经济法则，是普遍的还是独特的，是方法论个人主义还是整体主义展开了激烈争论，持续长达20年。这是社会科学的国际性和地域性的思想冲突的大爆发。

在这之后，历史主义逐渐淡出了社会科学舞台。而随着逻辑实证主义兴起，美国的科学乐观主义一统天下。社会科学的普遍性或国际性成为不言而喻地占了上风。

但是，如果我们从资本主义世界体系的变化，仍然可以找到国家地位变化与思想体系变化的关系。李斯特的国民经济学对世界主义经济学的批判，实际上是在以英国为中心的世界体系中，为处于边缘地位的德国寻找独特的发展道路。而古斯塔夫与门格尔的争论，除了科学方法之争，从国际背景来看，还有德国在资本主义世界体系中国际地位的变化。这时，它的生产力已经赶上、超过英国，面临着向世界霸主的转变，与此相对应，也面临着超出国家面向整个资本主义世界体系的大转变。而随着德国在两次世界大战战败，其影响力巨降，而美国成为新的世界体系中心，而此时的美国也已经超越国家，具有国际视野，或者说，把对自己有利的东西，说成对全世界有利。正是这种资本主义世界体系的巨变，使强调特殊性的历史学派失去了自己的影响力。但是，面对霸权国家，它强调国家利益，强调寻找独特的道路这一核心思想，无疑具有重要的思想意义。

近年来，面对我国学界盲目崇拜西方社会科学，尤其是西方新自由主义经济学的现象，我国学者也注意到强调特殊性的历史学派对我国的社会科学发展以及国家发展战略的思想意义，"中国经济学界应该以德国历史学派为榜样，为建设中国崛起的国民经济学而奋斗！"①

超越普遍与特殊的思维框架，社会科学本土化必然以我国的国家利益为出发点，在研究中从西方视角向本土视角转移。

6.2.2 从世界体系的中心视角向边缘视角转移

社会科学本土化首先应该有一个从世界体系的中心视角向边缘视角的转移。西方社会科学的实证主义传统声称的社会历史规律的普遍性，建立在对自然科学时空框架的无意识模拟上。社会科学的实证主义传统是以牛顿经典物理学为模型，追求社会领域中的普遍规律，其创始人孔德就将社会学称为社会物理学。因而，它不可避免受到经典物理学前提假设的影响。经典物理学是一种决定论，物质在空间中按照自身规律而运动，一切都是必然的、确定的，未来是单向的。从分析的时空框架看，时空是事物运动的外在因素，时间是均匀的流逝、是可逆的，空间是事物运行的场所。拉普拉斯的决定论是这一思想经典的表达形式。如果知道所有方程式和初始条件，就可以确定宇宙的过去和未来，一切都是确定无疑的。

社会的复杂性使社会科学不可能照搬这一模型，但它的基本原则仍然渗入社会科学形成了隐含的前提。首先是认为社会历史

---

① 贾根良、黄阳华："德国历史学派再认识与中国经济学的自主创新"，《南开学报》（哲学社会科学版）2006 年第四期，第 96 页。

有普遍的进程与规律。在分析框架上，西方社会科学以民族国家为分析的基本单位。这一原则表现的具体含义就是，社会历史有一个必然的进程，不论早或晚，每一个民族国家地域内的社会实体，只要发现这一规律，找到这一规律的运转关键因素，就可以推动这一社会进程。进一步引申就是，所有国家都要走上西方国家发展之路。

这里，就民族国家这一分析单位而言，"传统社会科学分析的国家中心主义乃是一种理论简化，它假定存在着一些同质的、等值的空间，而每一空间都构成了一个主要通过诸多平行过程而运行的自律系统。"① 也就是假定了民族国家间是相互孤立，没有相互作用的。这实质上是对牛顿物理学时空框架的模拟，一个独立的社会实体在民族国家（空间）的地域内按照自身的规律而发展。民族国家是社会规律的场所，对社会运行规律而言是外在因素，它实质上仍是物理空间。而作为时间，仍然是均质地流逝，是事物运动的外在尺度，换句话说，规律是不变的，每个国家或早或晚都可以完成这一普遍的进程。

但是，这种分析框架忽视了这样一个问题，民族国家不是孤立的，而是处于相互作用制约之中。西方社会科学声称的普遍规律中隐含的外在物理时空假设是不存在的，独立的社会实体也是不存在的。依附理论、世界体系理论在批判了传统的社会理论的基础上，把现代世界看作历史中形成的以资本积累为目标的历史体系。这一世界体系有其内在规则和结构，这种结构有两个层面：一方面是中心与边缘的分工体系。由于技术、资本占有和工资的不同，而形成中心国家与边缘国家之间的不平等交换。一方面是霸权国家的国家体系，中心国家凭借经济、政治、文化的霸权维护着不平等体系。在历史发展的长时段周期中，会发生中心

---

① ［美］沃勒斯坦等：《开放社会科学》，三联书店，1997年，第90页。

国家霸权转移。但中心与边缘的两极结构是不变的。从这一角度看，西方主流社会科学中的时空构架错误就显示了出来。孤立的民族国家这样的社会实体是不存在的。中心霸权国家与边缘国家总是处于霸权与反霸权、剥削与反剥削、制约与反制约的对立关系中。另外，在民族国家间这种相互作用中，地域空间和时间都转化为社会发展的内在因素，对社会发展起着重要的作用。从空间看，民族国家的地域不仅仅是社会活动的空间场所，它的地缘位置是社会发展中一个极其重要的因素。例如东亚四小龙，它们作为冷战前沿的地缘位置为其赢得了美国在经济上、政治上的大力扶助，为其在巨大的市场压力下赢得了喘息时间，这是其腾飞的一个重要原因。与此相反，拉美人却在哀叹，"拉丁美洲离上帝太远，离美国太近了。"① 同时，时间也不是均匀地流逝，时间标志着一个国家融入世界体系的时刻，它影响着一个国家在世界分工体系中的位置，受霸权国家制约的强度。而且，这里也不仅仅是一个时间早晚的问题，还要看世界体系所处的态势和融入的方式，这都会影响一个社会的发展。

可见，西方实证主义社会科学以此追求的社会历史的普遍规律是不存在的。西方国家的历史进程实质上是其走向世界体系的中心霸权，并依靠其经济、政治、文化优势维护其霸权的过程。因此，社会科学对普遍规律的承诺，在一定程度上它遮蔽了中心国家与边缘国家之间控制的、剥削的、压制的关系。同时，也为边缘国家虚构了一条普世的道路。这里面包含着将其他国家纳入自身霸权机制的中心国家视角。因此，社会科学的本土化，必然要求研究者有一个从世界体系的中心视角向边缘视角的转移。

---

① ［美］雷迅马：《作为意识形态的现代化》，中央编译出版社，2003年，第143页。

6.2.3 从西方的生活世界向本土的生活世界转移

社会科学本土化也要求有一个从社会表层向社会深层的视角转移,进而是从西方生活世界向我国本土生活世界的视角转移。西方社会科学的实证主义主流传统坚持经验检验的原则,任何陈述必须是经验的或者能转化为经验的陈述。因此实证主义一般的都坚持休谟的因果观,把因果关系理解为事件的前后相继,而因果关系下面的深层机制是超经验的,是非科学的领域。社会科学追求照相式的对社会描述式图景。由这种原则主导的研究方法,把社会中的人理解为被动的,并受着外在的因果关系的支配。它无法解释人类行为的主动性和创造性。在更深层次上,它忽视了人类行为的文化维度和意义维度,从而忽视了生活世界。马克思对旧唯物主义的批判,完全适用于这种研究方法。"对对象、现实、感性,只是从客体的或者直观的形式去理解,而不是把它们当作感性的人的活动,当作实践去理解,不是从主体方面去理解。"[①] 社会是从人的实践中产生的。人在实践中遵循着两个尺度,一个是外在尺度,即外在规律。另一个是内在尺度,是人的价值尺度。社会规律也是人类实践的产物,是人类活动的规律。因此,社会领域的规律也必须从两种尺度来理解,这样,才能不会抹杀人的创造性、主动性。

西方学者也注意到这一问题。在上个世纪 70 年代,西方社会科学出现了被称之为"文化的转向"的趋势。借助于实用主义、现象学、解释学和后期维特根斯坦哲学对实证主义展开批判,产生了如符号互动论、常人方法学、结构化理论、发生结构主义等社会理论,这些理论对社会秩序的形成进行了深入细致的研究。它们都认识到,在人类活动的社会秩序底层有一个不言自明的符号世界,也就是生活世界,它为人的活动提供意义与规

---

① 《马克思恩格斯选集》第 1 卷,人民出版社,1995 年,第 54 页。

则。这些规则都是不言而喻的,一般说来,人们知道怎样按照组成世界的这些内含的、共有的规则而行动。他们利用这些规则,体现着这些规则,并在无意中发展了这些规则。社会科学探讨的社会规律与生活世界有着密切联系。生活世界对社会系统,如经济政治制度发挥着巨大影响。当代哲学家哈贝马斯甚至认为,在二者中,生活世界是决定性的因素。这种观点可能有待商榷,但它却说明,对社会规律的把握必须包括对生活世界的关注,对人类行动后面的文化因素的关注。

法国社会学家布迪厄提出的发生结构主义集中代表着这一趋势,并发生着越来越重要的影响。他以现实的人为出发点,详细阐明了现实人的行为模式和社会秩序形成的过程和文化符号的关系。他的思想集中体现在"惯习"这一核心概念中。

布迪厄认为,现实的人都是生活在一定社会历史条件下的人,从出生之后的不断社会化的学习中,他成了社会的人,同时,社会也化为个人身上的惯习。"所谓惯习,就是知觉、评价和行动的分类图式构成的系统,它具有一定的稳定性,又可以置换,它来自社会制度,又寄居在身体之中。"[①] 首先,惯习既是个人的,又是社会的。它通过将取得的各种经验整合在一起作为评价、认识、行动的母体发挥作用。正是社会的规范结构化为了惯习,对个人来说,社会活动才充满了意义。第二,惯习又是含混和模糊的,它是一种情感倾向。它只是在特定的条件下展示出来。现实中的人不是深思熟虑,更多的是依靠惯习,即时采取行动。行动者未必是理性的,其结果确是合情合理的。这样,社会呈现一种合规律性与合目的性。第三,惯习是稳定的,不断将内化的规范展现出来,强化这种规范。同时,它又可以变动,也在

[①] [法] 布迪厄, [美] 华康德:《实践与反思》, 中央编译局, 1998年, 第170页。

新的实践条件下调整，形成新的规范，社会也就形成新的规律性与目的性。

布迪厄所说的惯习，实质上是生活世界中不言而喻的规则与符号在个人身上的内化，人类社会文化在个人身上的不自觉地内化。人生活在一个共享的意义世界中，人的行动不是对外界刺激的被动的生物反映，它也要由符号提供意义导向。社会秩序是与生活世界提供的符号意义密切相关的。从布迪厄所说的惯习这一概念看，生活世界的符号体系是模糊的、无意识的，它是历史长期积淀的产物。不同的历史会有不同的生活世界。不同的生活世界会提供不同的意义。即使在相同的外界条件下，不同的生活世界会提供不同的意义，不同的行动导向。这样，从外部看，就会形成不同的社会秩序，形成不同的因果联系。所以，社会规律以生活世界为平台。

因此，文化人类学家格尔兹在他的经典论文《深描》中指出，仅仅对人的活动进行描述是不够的，必须研究行动后面的意义背景，才能真正认识社会。"我们的双重任务是揭示使我们的研究对象的活动和有关社会话语的'言说'具有意义的那些概念结构"[①]。但是，在传统的实证主义看来，意义的概念由于其过于模糊是无法化为经验来陈述的，因此，它是无法纳入社会科学的。这样，它用经验原则这把奥卡姆剃刀，刮去了生活世界。

西方社会科学描述的社会中的规律，是以其生活世界为运行平台的。如果说西方社会科学不谈生活世界，在其自身范围内可以把生活世界提供的规则、意义视为自明的前提，从这个角度看，它只是影响了对社会认识的深度，并不影响社会的预测功能。而就我国社会而言，其历史积淀的生活世界必然与西方社会的生活世界有巨大差别。这样，西方社会科学来到中国，必然包

---

① ［美］格尔兹：《文化的解释》，上海人民出版社，1999年，第311页。

含着在两个差异巨大的生活世界之间的转移。这一变化使西方社会科学描述的社会规律失去了运转平台。这就是为什么西方社会科学在中国突然失去解释力和预测力的一个重要原因。

因此，如果把西方社会科学的本土化理解为普遍规律与我国特殊国情的结合，实质上抹杀了两个生活世界的巨大差别。这必然会曲解我国的社会现实，提供简单化、错误的决策。所以，社会科学本土化必然包含从西方生活世界向我国本土生活世界的视角转移。

6.2.4 从理论者的视角向实践者视角转移

西方社会科学实证主义传统在方法论上坚持价值中立的原则。它的哲学基础是休谟对事实与价值的区分。社会科学大师迪尔凯姆、马克斯·韦伯都认为，社会科学应避免价值的污染。科学事实是可以证明的，但价值判断是无法证明的。因此，社会科学家在科学研究中，应该超脱于社会利益纠纷之上，这才能保证社会科学的客观性。价值中立的原则虽然不断受到置疑和批判，但仍然是西方社会科学的正统观点。但是，价值中立原则会在理论与实践之间、理论者与实践者之间造成分裂。

人们一般把理论与实践的关系理解为普遍规律和具体应用的关系。但是，在坚持价值中立原则时，二者之间有着更为复杂的关系，会产生一种唯智主义偏见。这种唯智主义偏见是社会学家观察社会的学究眼光，"这种偏见根源于这样一个事实，既要去研究社会，描述它，谈论它，我们就必须或多或少地从中完全脱身出来。我们建构的关于社会世界的理论，是一种以理论为出发点的关注方式的产物。"① 唯智主义立场混淆了实践的逻辑和理论的逻辑。其中最关键的是混淆了科学的无时间与实践者的时间，并用前者代替后者。现实人在实践中关心的是完成任务，实

---

① [法]布迪厄，[美]华康德：《实践与反思》中央编译局，1998年，第101页。

践中的时间有节奏,有方向,尤其具有紧迫感。几分钟可以关系到一场战争的成败,几分钟对一个股票交易所中的炒股者可能是赢与亏。现实中的实践者面对着这种时间的紧迫感,他们不可能等到各种材料齐全之后,经过精心筹划再去行动。他们是依靠过去经验形成的惯习,在对未来的关注中瞬间做出决定。与此相反,理论者的兴趣是认知性的和理论性的。他们的科学实践是非时间化的。分析者是事后才到来,他们搜集了实践者不知道的各种材料,掌握了事件的全过程。一个事件的历时过程在观察者面前是一个共时的形态展开的。这样,现实中的时间节奏、方向和与之相应的紧迫感消失了。因此,就会产生这样的问题,分析者会提出实践者在实践中根本不会考虑的问题,会用一个观察者与对象的关系代替行动者与实践的关系,把分析者的兴趣和观点加在行动者头上。

由价值中立导致的唯智主义偏见会导致理论与现实的分离,以及理论者与实践者兴趣点的差异。一个学者可以在象牙塔内建立一个精巧严谨的理论模型,但是,对实践者来说,它却不关痛痒。现在很多人指责社会科学家构建的理论没用,有人认为这是因为理论追求普遍性,对具体问题只是理论上的指导意义,这是普遍性的代价。这种解释不无道理,但是,由唯智主义偏见导致的理论与实践的分裂,也是一个不可忽视的原因。因此,在西方社会理论与中国现代化的实践者之间,必然存在巨大的理论视角的差异。对社会科学本土化中普遍与特殊的理解,将忽视由唯智主义偏见导致的理论与实践之间的分裂,从而,不能真正的服务于中国的现代化,解决中国现代化实践中的问题。

综上所述,西方社会科学中的实证主义主流传统追求的普遍的社会规律由于其自身原因是无法实现的。把西方社会科学的本土化局限于普遍与特殊的思维框架中,正是建立在将西方社会科学视为普遍规律的基础上,它掩盖了西方社会科学的诸多问题。

社会科学本土化应该建立在对西方社会科学的特定视角的反思与批判的基础上，实现社会科学中心到边缘、由西方生活世界到中国生活世界、由理论者到实践者的视角转移。以此为起点，吸收西方的理论与方法，从所收集的材料中，提出自己的方法与理论，成为真正的中国社会科学。

6.3 构建批判的社会科学

为了维护我国社会主义文化自主性，加固防御西方意识形态的防波堤，为构建社会主义和谐社会提供强有力的思想保障，我们有必要构建一种科学性、反思性和实践性相统一的批判社会科学。我国学术界有深厚的马克思主义传统，其主旨就是关注社会公正、关注大多数人的利益。而西方实证主义社会科学，也提供了大量的分析方法和大量材料。只要立足于本土经验，以马克思主义为指导，对西方社会科学的理论、方法的前提进行深刻的反思、批判和吸收，就会形成中国的批判社会科学。

6.3.1 和谐社会的目标与社会科学

和谐社会要求一种具有高度反思性的社会科学。

"和谐社会"是我们党执政理念的一个发展和升华，它的目标是建设"民主法治、公平正义、诚信友爱、安定有序、人与自然和谐相处的社会"。作为一个社会未来发展目标，和谐社会具有如下几个主要特征。首先，和谐社会是社会主义社会，必须坚持社会主义，坚持社会的公正，坚持最大多数人的利益。其次，和谐社会是高度发展的现代社会，是一个高度分化整合的现代社会系统。还有，和谐社会是建立在高度的共识和社会认同基础上的人与人之间和谐相处的社会。而和谐社会的目标必然要求和谐的社会发展之路。毋庸讳言，和谐社会的目标具有价值的、"应然"的维度，我们必须从现实的国情出发，发现现实社会中存在的不和谐因素的根源，找到和谐社会的实现道路。

但是，通往和谐社会没有既成的模式，没有现成的道路。从长远来看，由于地球有限的资源和生态，以美国为代表的工业化的高消费式的社会是不可能持续的，这种社会进程是不可能重复的。就我国发展的现阶段来看，随着社会经济所有制结构的多元化、社会集团利益的多元化，各个社会集团都有自己的利益诉求，提出自己的发展目标，并力求影响公共政策。如何在复杂的利益格局中，把社会的长远目标与短期目标相结合，把各个集团的利益纳入一个公正的社会发展目标，将是一个关键问题。因此，在我国的发展中，一方面，要反思整个资本主义世界体系的本质、未来以及发展趋势，为中国的发展定位。另一方面，要深入认识不断多元化的社会各阶层、各利益集团，它们的利益诉求和价值目标，以及这些利益、价值观念之间的矛盾，在多元冲突中寻找一致和共识，不断地消除冲突，走向和谐。

与此相对应，我们需要一种具有价值关怀，以人为中心，以社会中大多数人的利益为中心的、能够为人们指出未来的合理目标的社会科学。同时，它又需要高度体制化，能够适应高度发展的现代社会、为社会具体部门的合理化决策提供可操作的知识的社会科学。

但是，我国现有的社会科学资源在这一方面有明显的不足。这一资源包括两个部分：一部分是马克思主义社会科学，另一部分是引进的西方主流的实证主义社会科学。马克思主义社会科学包括马克思主义创始人的经典著作，还有与计划经济相联系的经济学和政治学，以及随着改革开放处于发展中的马克思主义理论经济学。马克思主义经典社会科学的主旨是揭示资本主义的内在矛盾和其灭亡、社会主义胜利的必然性。因此，这一社会科学的特征是总体性，总是从宏观的长时段来探讨一个社会的本质问题，进而揭示社会历史发展的规律，一个社会产生的历史条件，并从社会结构中找到实现革命的途径。这一社会科学的目标是社会变革，在社会危急时刻，通过社会结构中爆发出来的阶级力量打破现存的经济政治结构。这一特征应该说是与社会主义革命和社会主义制度建立时期的历史使命相联系的。资本主义的转型、社会主义国家的成立，都证明了马克思主义社会科学的科学性。这一社会科学体现着对人类的关怀，对人类解放的追求，它仍是我国构建和谐社会的指导思想。但是，现代社会是由高度合理化、技术化的各子系统组成的复杂结构，与此相对应，社会科学必须高度分工，高度的技术化和数量化，否则，就不可能更好地参与社会决策。因此，从现代社会复杂的技术性决策来说，传统的马克思主义社会科学有着明显的不足。近年来，马克思主义社会科学不断受到西方社会科学的冲击，与此有着一定的关系。

再看西方社会科学理论。中国的社会主义现代化离不开外部世界，需要在不同的领域深入交往，而这离不开对外部世界的正确认识。西方实证主义社会科学在这方面有它的积极因素。它是与西方现代社会的复杂结构相对应的知识体系，其中包含着西方现代化的经验总结，包含着对现代社会制度细致入微的描述，能够为解决现代社会的具体问题提供技术性的微观知识。这对我们认识现代社会，进行社会体制改革有重要的借鉴意义。但它也有致命的缺陷。实证主义者坚持价值中立原则，认为科学知识只是描述世界，任何价值关怀都会扭曲社会科学的科学性，从而把社会规律看作是既定，把社会作为一个既成的系统进行技术性控制。它拒绝关注人类在新的条件下的目标问题，否认社会科学能够关注社会的公正问题。

另外，西方社会科学中渗透着西方的价值观念，它有可能扭曲人们对社会现实的认识。在我国，这些观念已经在人们的思想中造成了一定的混乱。下面关于"中国的繁荣"的材料，是在我国比较有影响的一部美国国际经济学教科书中的内容。

"从1949年到1978年，中国的共产党政权基本上采取了封闭政策，限制了国际贸易。总之，政治的因素阻碍了该国经济的增长。不仅私人企业是不允许的，任何形式的个人成功也遭到怀疑……1978 年，中国的政策出现了巨大的转变。共产党向国内私人企业与国外贸易敞开大门，并声明'致富是光荣的'。其结果令世人震惊：自 1978 年以来，中国报道的平均增长率超过 10%"。①

这一章节主要讨论发展中国家的贸易政策。在后面，简要地评论了中国的增长。它把中国的增长的焦点集中于私有制和国家对外贸易。它无非是说，改革开放前，中国不允许私有制和国际贸易，阻碍了经济发展。改革开放之后，出现了私有制和国际贸易，中国迅速增长。但是，稍有历史常识的人都知道，并非中国共产党不允许国际贸易，而是国际反华势力对中国进行经济封锁。而在尼克松访华后，中国的国际贸易迅速增加。在改革开放前，除少数年份，中国的经济是高速增长，其经济的中心是打造以重工业为中心的完整的工业体系。为了增加积累，压低了消费，因此生活水平提高不快。但是，中国的经济整体却有了质的发展，从落后的农业国转变为工业国，为后来的改革开放打下了基础。

社会科学教科书叙述的往往是已经为人们所公认的科学知识。但是，在上面所引用的内容中，完全从西方人的角度看待中国的发展，对中国社会主义建设的历史有明显的简化和扭曲。如果对诸如此类的内容没有分析与批判，必然会影响人们对我国社会主义建设历史的认识，影响人们对改革开放的认识，并且，会进一步误导现实的决策。

综上可知，我国现有的社会科学资源不能满足构建和谐社会

---

① [美] 保罗·克鲁格曼，茅瑞斯·奥伯斯法尔德：《国际经济学》，中国人民大学出版社，1998 年，第 248 页。

的需要，我们必须在上述二者基础上，培育批判社会科学。

6.3.2 社会科学的构成性与批判社会科学的渊源、目标和主要特点

批判社会科学这个概念在我国是一个非常陌生的概念，提出这个概念似乎有故作惊人之语之嫌。但是，实际上，所有的社会科学都具有批判性，只是由于人们常常从唯科学主义的角度理解社会科学的本质，从而忽视了这种批判性。

唯科学主义（实证主义）认为社会科学与自然科学没有本质的区别，都是客观中立的知识，都可以为人类的实践服务。但是，这种观点忽视了社会与自然的区别，更忽视了社会科学的实践与自然科学的实践有本质区别。自然规律是自然形成的，不以人的意志为转移。人类可以利用自然规律实现自己的目标，但是，自然规律本身并不发生变化。与之相反，社会规律及其所形成的秩序依赖于人们在生活世界中形成的对社会、人和宇宙的前科学理解，这些理解都是理所当然的知识。社会科学在描述社会规律和社会秩序时，总是以社会实践者的前科学知识为前提。在这个过程中，社会研究者或者认同这种前科学理解，或者否认或反思这种前科学理解，并在这个基础上形成社会科学理论。所以，社会科学总是要提供一种"社会图景"。因此，在人们应用社会科学的过程中，也是一个接受这种"社会图景"的过程，从而改变社会成员对社会的前科学理解，反思一些曾经被认为天经地义的观念。而这种观念一旦转变，必然会改变人们的社会行为方式，以及相应的社会秩序和社会规律。社会科学在实践中改变着社会自身。社会科学总是要维护或触动社会运行的观念基础。所以，一切社会科学都具有批判性。

同时，社会科学在实践中本身也有一个常识化的过程。在批判旧有的观念的过程中，社会科学的理论、概念也会转化为理所当然的知识，如"现代性"、"现代化""市场化"、"全球化"

等概念，已经进入寻常百姓头脑中，影响人们的日常观念和行为。而这些观念又会受到后来的社会科学的批判。

由于现代社会的高度复杂性，社会决策越来越依赖于社会科学知识而不是传统或惯例，社会实践已经把社会科学推到了知识体系的中心地位，并与社会体系相对应高度体制化。它被引入社会系统再生产的每一基础之内，致使思想和行动总是处在连续不断地彼此相互反映的过程之中。可以说，社会科学这种常识化过程已经制度化了。从这个意义上来说，社会科学是现代社会反思性的制度化。

但是，由于唯科学主义把社会科学等同于自然科学，社会科学的这种批判性特征被人们所忽视。

而所谓批判社会科学，就是对社会科学这种批判性特征具有高度的自觉性，它以人的解放和社会的解放为最高目标，对现代社会建构和社会科学知识的建构进行反思、批判，推动现代社会不断合理化。

批判社会科学源于批判理论，康德对人类理性局限的反思，黑格尔关于世界是理性显现的思想都是批判理论的源头，而影响最大的批判理论家就是马克思，《资本论》是批判社会科学的典范。二战之后，西方知识分子把马克思的政治经济学批判转变为对晚期资本主义文化的批判，被称为批判理论，其中最著名的代表当属法兰克福学派。近些年来，学者们把批判与实证研究结合起来，使批判理论有了现实基础，形成了批判社会科学。本章所讨论的正是这种批判社会科学，其中最著名的代表有哈贝马斯提出的批判诠释社会科学的观念，布迪厄提出的发生结构主义。

批判社会科学是科学性、批判性和实践性相统一的社会科学。批判社会科学是经验科学，具有科学的客观性。它必须依据共享的经验材料，追求因果规律的客观性和普遍性。它在确定研究问题之后，通过实验研究、调查研究等方法获得数据，并在此基础上形成理论模型，各种假设必须被纳入一个十分简明的理论模型中。它还必须说明可在经验中观察到的大量事实。要想推翻这个模型，必须再拿出其他更强有力的模型来。新的模型也得符合逻辑连贯性、系统性和经验可证伪性等同样的条件。这是批判社会科学与批判哲学的重要区别。就对事实材料的尊重而言，批判社会科学与其他流派的社会科学、自然科学没有区别。

从形式上看，批判社会科学追求的实证研究与实证主义学派无大的区别，但是，二者却具有实质上的区别，这就是它的批判性。批判社会科学承认自身对社会公正的关怀。它吸收了结构主义、解释学派的观点，把社会理解为人类有意义的建构物，具有双重的客观结构。"初级客观性包括各种物质资源的分配，以及运用各种社会稀缺物品和价值观念的手段；而次级客观性体现为各种分类体系，体现为身心两方面的图式，在社会行动者的各种社会实践活动中，如行为、思想、情感、判断中，这种分类系统和图式发挥着符号范式的作用。"[①] 在社会化的过程中，这种次级的符号体系为社会实践者所接受，成为理所当然的常识。它与初级的社会物质结构相契合，维护着社会结构中的权力关系，使其成为自然的和必要的，而不是种族、性别、阶级间特定权力平衡的历史产物。在现实的社会中，随着人类的生产能力、自身的潜力不断地提高，一种新的生活方式的客观可能性也逐渐出现。但是，作为一个社会的符号体系总是相对稳定的，并把既存的生活模式作为合理的。这样，在人类的现实和客观可能性之间的差距会不断扩大，这时，这种符号体系就掩盖了人类社会的客观可能性，从而成为一种虚假意识。批判社会科学的"批判"，就是自觉澄清这种虚假意识，揭示社会的潜在可能性。

[①] ［法］布迪厄，［美］华康德：《实践与反思》中央编译局，1998年，第7页。

第6章 社会科学的本土化：构建批判的社会科学

在一个社会中，社会科学家往往与社会行为者共享着同样的符号体系，从而把这些符号当作理所当然的，成为一种无意识。这时，维护现存的经济政治结构的虚假意识就会进入社会科学。在此基础上，社会科学所描述的不是人类的现实可能性，而是虚假意识给人划定的虚假的可能性。社会科学不知不觉地成为既存社会秩序的维护者。因此，要认识社会的潜在的可能性，就必须要求批判反思意识。这种批判反思包括三个层面：一个是对社会行为者的价值观念进行反思；另一个是社会科学家对自身所依据的前提进行反思；还有一个层面是对专家的概念体系与行为者的意义体系这二者之间的关系进行反思。这些反思可以通过主体间的交往沟通，也可以通过揭示这些观念产生的条件来完成。只有通过这些批判反思的过程，社会科学才能把由虚假意识掩盖的社会可能性真正揭示出来。

社会科学批判性的逻辑结果必然是实践性。西方主流社会科学就是为了解决社会转型期出现的社会问题而发展起来的，必然要为社会的实践活动服务。但是，这种实践与批判社会科学的实践性特征性质完全不同。西方主流社会科学的实践是工具性的实践。在有了明确目标的前提下，科学可以提供适当的、合理的手段，或者，在现有的条件下，可以达到什么样的目标，但社会实践的目标是否合理是社会科学无能为力的。相反，批判社会科学的实践性，是指追求手段与目的的内在统一。社会科学揭示了社会的真实图景，人的真实状况，揭示了人和社会的现状与社会的新的发展潜力之间的差距，从而也必然使人们意识到什么是真正的人，什么是真正的社会，以及实现这一目标的真正途径，并进一步寻求对既存社会体制的改变。批判社会科学不是要告诉人们如何通过获得特定的因果联系来达到他们的目标，来增加他们的力量，而是希望通过使他们拥有不同的目标而让人们从特定的因果联系中解放出来。因此，批判社会科学追求对现存体制的超越,解决现实的人面临的问题。它们必须与自身的应用紧密联系,不仅要告诉人们如何做什么,更要告诉人们应该做什么。

6.3.3 批判社会科学在构建社会主义和谐社会中的作用

在我国社会主义建设的关键阶段,只有具有强烈的反思批判意识的社会科学,只有鲜明的坚持社会公正、坚持以社会最大多数者利益为价值前提的社会科学,才能真正对各种价值观念进行批判,并在此基础上,选取研究的论题,设定研究计划,建立理论模型,把社会中不公正、不和谐的因素揭示出来,把社会发展中新的可能性揭示出来。只有这样,合理的社会目标才能真正确定。批判社会科学的理论构建与和谐社会的理论构建是内在统一的。

第一,批判社会科学能够认识社会的真实状况。

我国的社会科学研究中存在着不顾中国与西方社会的差别而武断地套用西方社会科学的现象。这既不能准确认识现实,也不能提供科学的决策。这里存在几个为人们所忽视的问题:一个是我国在资本主义世界体系分工中的地位问题;一个是社会规律的文化基础问题;再有一个是实践者和理论研究者的视角差异问题。这些问题使西方社会科学在中国往往水土不服,不能真正认识中国的现实,不能解决中国的问题。

比如,在西方中心国家与中国在经济贸易中的不平等交换已经为越来越多的人所察觉。但是,如果根据西方国际贸易的分工理论,根据边际效用的主观价值论,这种不平等交换是完全合理的,而且,边缘国家从这种分工中获得的是"最大利益",或者说,任何改变它的企图,只能使社会付出更大的代价。例如,给工人增加工资、福利,就会减弱中国制造业在国际上的相对优势,造成更大的经济损失。这已经成为许多经济学家的共识。

但是,我们如果站在从不发达国家的利益出发的依附理论来看(这种理论以马克思的劳动价值论为出发点),就能够揭示出中心国家与边缘国家之间的剥削关系,在这种国际分工和交换中,边缘国家大量的劳动剩余被转移到中心国家,而边缘国家失去了国内市场和资本积累的能力,工业化无法充分发展,不得不处于依附状态。随着自身创造的财富源源不断地流向西方,这些国家丧失了发展的潜力。而依附理论就是拉美和非洲的经济学家在马克思主义指导下,从拉美和非洲的血泪教训中总结出来的理论。

中国所需要的就是这样的批判社会科学,它强调对社会科学中的意识形态进行批判,对社会科学中一些被人们认为理所当然的观念进行反思,因此,它能摆脱西方的意识形态陷阱,立足于本土经验,从自己国家的利益出发,从中国自身的现代化经验、教训中,从社会现实中概括出自己的理论框架和体系。而只有从本土的利益出发的社会科学理论,才能避免前面提到的错误,真正认识中国的现实。

第二,批判社会科学能够提出公正的社会目标。

构建和谐社会,我们面临着巨大的挑战。我们处于一个由西方国家主导的不平等的国际经济政治秩序中。同时,我国社会的高速发展,必然引起社会诸利益集团的分化。社会中的各个集团追求自身利益并没有错误,而且是社会发展的动力。但是,当某一集团追求既得利益时,当他们的既得利益损害社会中大多数人的利益时,这就阻碍了社会发展。但是,根据发展中国家的经验,既得利益集团不但不会自动地削弱自己在经济社会中的地位,而且通过各种方式加强这种趋势,把它们这种地位看作是自然的、合理的。由于他们在社会中的地位,他们的价值观念也会自然地影响其他人。如果以这种价值观念为指导确立社会目标,就会使社会的发展走入歧途。与此同时,由于唯科学主义的影响,更多的学者把社会合理目标这个重要问题拒之于社会科学之外。

而批判社会科学否认社会科学是对事实的简单描述,它强调对各种价值观念、社会科学家依据的价值前提进行反思、批判和澄清,并由此形成合理的社会目标,英国社会学家吉登斯曾经举过一个案例说明社会科学的反思对社会公正目标的作用。20世纪50年代,欧洲一些国家研究教育机会的不平等问题,研究是否有能力的穷人孩子没有得到本应享有的高层次教育的机会。但是,研究的结果是这一问题根本不存在。有趣的是,另一位学者认为先前研究的人才观是精英的人才观,并提出了新的人才观念,从而得出了完全不同的结论。"公众的教育态度不仅因社会研究的过程而改变,而且有助于改变这种研究过程"①。于是,根据相同的数据,两种不同的人才观得出两个截然不同的结论,并对公众和政府部门产生了不同的影响,对教育制度的改革也提供了不同的目标指向。

因此,在构建和谐社会的过程中,社会科学必须讲道德,社会科学也能够具有人文关怀,提出公正的社会目标,为社会中的大多数人服务。

第三,建立在共识基础上的批判社会科学可以提供微观的、可操作性的知识,为和谐渐进的发展模式做出贡献。

批判社会科学对各种价值观念的反思批判,并不是要以武断、粗暴的方式对待它们,而是把各个集团的利益诉求呈现出来,在此基础上达成社会上大多数人对社会目标的"共识",并以此作为社会发展的基础。近现代以来,华夏子孙就是在追求民族的生存与发展的共识下进行革命和现代化建设。在新的历史条件下,中华民族也会在新的共识下向和谐社会的目标前进。同时,批判社会科学本身也是从本土的经验出发,对社会结构的各

---

① [英]安东尼·吉登斯:《社会学方法的新规则》,社会科学文献出版社,2003年,第62页。

第 6 章 社会科学的本土化：构建批判的社会科学

个部分进行细致入微的研究，提供量化的、可操作的知识，并逐渐形成体制化的学科体系，与社会的分工系统相对应。这样，就可以在共识基础上，对社会的各个部分进行改革，消除不和谐因素，不断地向和谐社会前进。

当然，在我国，批判社会科学还未形成。但是，它并不是遥不可及的事物。只要立足于本土经验，以马克思主义为指导，对实证主义的理论、方法的前提进行深刻的反思、批判和吸收，就会形成中国的批判社会科学。它也一定会对和谐社会的伟大目标做出应有的贡献。

参考文献

马克思、恩格斯、列宁著作：
1. 《马克思恩格斯选集》第一卷，人民出版社，1995。
2. 《马克思恩格斯选集》第二卷，人民出版社，1995。
3. 《马克思恩格斯选集》第三卷，人民出版社，1995。
4. 《马克思恩格斯选集》第四卷，人民出版社，1995。
5. 《马克思恩格斯全集》第42卷，人民出版社，1979。
6. 《列宁全集》第一卷，人民出版社，1995。

中文著作：
7. 夏甄陶：《关于目的的哲学》，上海人民出版社，1982。
8. 夏甄陶：《认识发生论》，人民出版社，1992。
9. 夏甄陶：《认识的主—客体相关原理》，湖北出版社，1996。
10. 夏甄陶：《人是什么》，商务印书馆，2002。
11. 李燕：《文化释义》，人民出版社，1996。
12. 欧阳康：《社会认识论》，云南出版社，2002。
13. 刘奔：《当代思潮反思录》，河北大学出版社，2005。
14. 朱红文：《人文精神与人文科学》，中共中央党校出版社，1994。
15. 朱红文：《社会科学方法》，科学出版社，2002。
16. 袁贵仁：《马克思的人学思想》，北京师范大学出版社，1996。
17. 李德顺：《价值新论》，中国青年出版社，1993。
18. 李德顺、马俊峰：《价值论原理》，陕西人民出版社，

2002。

19. 马俊峰：《评价活动论》，中国人民大学出版社，1994。

20. 孙伟平：《事实与价值》，中国社会科学出版社，2000。

21. 兰久富：《社会转型时期的价值观念》，北京师范大学出版社，1999。

22. 俞吾金：《意识形态论》，上海人民出版社，1993。

23. 彭漪涟：《事实论》，上海社会科学出版社，1996。

24. 张汝伦：《历史与实践》，上海人民出版社，1995。

25. 张志林、陈少明：《反本质主义与知识问题》，广东人民出版社，1995。

26. 刘景钊：《心智关指世界的能力》，中国社会科学出版社，2005。

27. 王晓升：《走出语言的迷宫—后期维特根斯坦哲学概述》，社会科学文献出版社，1999。

28. 袁吉富：《历史认识的客观性研究》，北京大学出版社，2000。

29. 阮新邦：《批判诠释与知识重建》，社会科学文献出版社，1999。

30. 王正义：《世界体系论与中国》，商务印书馆，2000。

中文译著：

31. ［波］沙夫：《历史规律的客观性》，郑开其等译，北京，三联书店，1963。

32. ［苏］苏共中央社会科学院《科学与教学文献》编辑部编《历史科学·方法论》，刘心语译，中国社会科学出版社，1990。

33. ［匈］卢卡奇：《历史与阶级意识》，杜章智等译，商务印书馆，1996。

34. ［德］马克斯·韦伯：《社会科学方法论》，杨富斌译，华夏出版社，1999。

35. ［德］马克斯·韦伯：《学术与政治》，冯克利译，三联书店，1999。

36. ［德］卡尔·曼海姆：《意识形态与乌托邦》，黎明、李书崇译，商务印书馆，2000。

37. ［德］弗里德里希·李斯特：《政治经济学的国民体系》，陈万煦译，商务印书馆，1961。

38. ［德］李凯尔特：《文化科学与自然科学》，涂纪亮译，商务印书馆，1998。

39. ［德］阿佩尔：《哲学的改造》，陆兴华译，上海译文出版社，孙周兴，1997。

40. ［德］恩斯特·卡西尔：《启蒙哲学》，顾伟铭译，山东出版社，1988。

41. ［德］哈贝马斯：《认识和兴趣》，郭官义、李黎译，学林出版社，1999。

42. ［德］哈贝马斯：《理论与实践》，郭官义、李黎译，社会科学文献出版社，1999。

43. ［德］哈贝马斯：《交往行为理论》，曹卫东译，上海人民出版社，2004。

44. ［德］哈贝马斯：《作为意识形态的技术与科学》，李黎、郭官义译，学林出版社，1999。

45. ［德］哈贝马斯：《交往和社会进化》，张博树译，重庆出版社，1989。

46. ［德］加达默尔：《真理与方法》（上、下），洪汉鼎译，上海译文出版社，1999。

47. ［奥］维特根斯坦：《逻辑哲学论》，贺绍甲译，商务印书馆，1999。

48. ［奥］路德维希·冯·米塞斯：《经济学的认识论问题》，梁小民译，北京，经济科学出版社，1999。

49. ［波］弗·兹纳涅茨基：《知识人的社会角色》，郏斌祥译，译林出版社，2000。

50. ［法］爱弥尔·涂尔干，马塞尔·莫斯：《原始分类》，汲喆译，上海人民出版社，2000。

51. ［法］米歇尔·福柯：《权力的眼睛—福柯访谈录》，严锋译，上海人民出版社，1997。

52. ［法］米歇尔·福柯：《词与物—人文科学考古学》，莫伟民译，上海三联出版社，2001。

53. ［法］米歇尔·福柯：《知识考古学》，谢强、马月译，三联书店，1998。

54. ［法］路易·迪蒙：《论个体主义》，谷方译，上海人民出版社，2003。

55. ［法］雷蒙·阿隆：《社会学主要思潮》，葛志强、胡秉诚、王沪宁译，华夏出版社，2001。

56. ［法］E·迪尔凯姆：《社会科方法的准则》，狄玉明译，商务印书馆，1995。

57. ［法］皮埃尔·布迪厄：《实践感》，蒋梓骅译，译林出版社，2003。

58. ［法］布迪厄，［美］华康德：《实践与反思》，李猛、李康译，中央编译出版社，1998。

59. ［法］布尔迪约，J·C·帕斯隆：《再生产——一种教育系统理论的要点》，邢克超译，商务印书馆，2002。

60. ［美］沃勒斯坦：《所知世界的终结》，冯炳昆译，社会科学文献出版社，2002。

61. ［美］沃勒斯坦等：《开放社会科学》，三联书店，1997。

62. ［美］雷迅马：《作为意识形态的现代化》，牛可译，中央编译出版社，2003。

63. ［美］格尔兹：《文化的解释》，上海人民出版社，1999。

64. ［美］刘易斯·科塞：《理念人》，郭方等译，中央编译出版社，2001。

65. ［美］马尔库塞：《单向度的人》，张峰、吕世平译，重庆出版社，1988。

66. ［美］马尔库塞：《现代文明与人的困境》，李小兵等译，上海三联书店，1989。

67. ［美］马尔库塞：《理性与革命》，程志民等译，重庆出版社，1993。

68. ［美］卡尔·贝克尔：《18世纪哲学家的天城》，何兆武译，三联书店，2001。

69. ［美］加尔布雷斯：《经济学与公共目标》，蔡受百译，商务印书馆，1980。

70. ［美］格尔兹：《文化的解释》，纳日比力戈等译，上海人民出版社，1999。

71. ［美］麦克洛斯基：《经济学的花言巧语》，石磊译，经济科学出版社，2000。

72. ［美］卡尔·博格斯：《知识分子与现代性危机》，李俊，蔡海榕译，江苏人民出版社，2002。

73. ［美］丹尼尔·贝尔：《后工业社会的来临》，高銛译，北京，商务印书馆，1984。

74. ［美］C·赖特·米尔斯：《社会学的想象力》，陈强，张永强译，三联书店，2001。

75. ［美］希拉里·普特南：《理性、真理与历史》，童天骏，李光程译，上海译文出版社，1997。

76. ［美］林德布鲁姆：《市场体制的秘密》，耿修林译，江苏人民出版社，2002。

77. ［英］理查德·麦尔文·黑尔，《道德语言》，万俊人译，商务印书馆，1995。

78. ［英］吉尔德·德兰逊：《社会科学——超越建构和实在论》，张茂元译，吉林人民出版社，2005。

79. ［英］艾耶尔编《哲学中的变革》，陈少鸣、王石金译，上海译文出版社 1985。

80. ［英］彼得·温齐：《社会科学的观念及其与哲学的关系》，张庆熊、张缨译，上海人民出版社，2004。

81. ［英］安东尼·吉登斯：《社会学方法的新规则》，天佑中、刘江涛译，社会科学文献出版社，2003。

82. ［英］帕特里克·贝尔特：《二十世纪的社会理论》，瞿天鹏译，上海译文出版社，2002。

83. ［英］休谟：《人性论》（下册），关文运译，商务印书馆，1994。

84. ［意］杰奥瓦尼·阿锐基：《漫长的 20 世纪》，姚乃强译，江苏人民出版社，2000。

85. ［瑞典］冈纳·米尔达尔：《反潮流：经济学批判论文集》，商务印书馆，1992。

86. ［比］伊·普里戈金［法］，伊·斯唐热：《从混沌到有序——人与自然的新对话》，曾庆宏、沈小峰译，上海译文出版社，1987。

中文论文：

87. 于乔：《社会科学的真理也是没有阶级性的》，《河南大学学报》（社科版）1979 年第四期，第 15 页。

88. 周蔚华：《价值中立论批判》，《中国人民大学学报》，1991 年第三期

89. 陈岱孙:《当前西方经济学研究工作的几点看法》,《世界经济》1996年第三期。

90. 何清涟:《为经济学引回人文关怀》,《读书》,1996年第三期。

91. 樊纲:《"不道德"的经济学》,《读书》,1998年第六期。

92. 吴易风:《俄罗斯经济学家谈俄罗斯经济和中国经济问题》,《高校理论战线》,1995年第12期。

93. 刘国光:《对经济学教学和研究中一些问题的思考》,《高校理论战线》,2005年第9期。

英文文献:

94. Ernest Gellner: Relativism and the social science. Cambridge University Press, 1985.

95. Mate Alvesson and Kaj Sk？ldberg: Reflexive Methodology, SAGE Publication, 2001.

96. Edited by Volker Meja anf Nico Stehr: Knowledge and Politics – The sociology of knowledge dispute, Routledge 1990.

97. Jay A. Ciaffa: Max Web and the Problems of Value – free social science, Associated University Press 1998.

98. Alan Ryan: The Philosophy of the social science, MACMILLAN PUBLISHERS LTD 1985.

99. Stephen P. Turner, Regis A Factor: Max Weber and the dispute over reason and value: A study in philosophy, ethics, and politics. 1984 Routledge.

100. Garry Potter, The Philosophy of social science – New perspective, Pearson Education Limited 2000.

后　记

　　"一个工程师在造完他的桥之后，就再也不会回来了。"这是前南斯拉夫电影《桥》中工程师的一句经典台词。学术研究也是，一部著作完成之后，如何评价就是读者的事了。如果本书能够对研究这一领域的朋友们有所帮助，心愿足矣！

　　本书是在博士论文基础上改写而成。最后一章是新加入的内容，前面章节多处作了修改。书中的部分内容已经发表，感谢《自然辩证法研究》、《天津社会科学》、《思想战线》、《学术界》、《学习与探索》、《贵州大学学报》（社科版）、《天府新论》等刊物对作者研究的抬爱与支持。

　　本书完成之际，要感谢我的导师夏甄陶教授和李燕教授。夏老师以学术为生命，年逾七旬，虽然身体不好，尤其是视力极坏，但依然勤学不倦。每次先生见到我们，谈话的主题永远是学术问题。我每次见到先生总是有考试的感觉，如果读书偷懒，在先生面前就会心虚胆怯。2005年底，师母不慎摔伤住院，生活不便，夏老师暂住女儿家里。先生怕影响对学生们的指导，特地打来电话，告诉我们他的电话，具体住址，行车路线，并一再解释自己没办法，对给我们的学习造成的不便表示歉意。先生学不愧人师，行更为示范。李燕老师则是另外一种风格，总是热情洋溢，豪气逼人，任何世俗的丑陋都躲不开她批判的锋芒。这种熏陶是我的一笔精神财富。中国人民大学的郭湛教授、安启念教授都对我的研究提出了宝贵的指导，在此表示衷心的感谢。

　　中国社会科学院哲学所的刘奔教授不仅对本书的研究主旨提出了非常中肯的意见，还帮我修改文章并推荐发表，并推荐我讲入社科院。如今先生过世已经两年了，只有努力工作，专心于学术以报提携之恩。北京师范大学的朱红文教授是我的硕士导师，他一直支持和鼓励我，我的研究方向无疑受到他很大的影响。中山大学的王晓升教授是我的师兄，对我提出的一些问题进行了耐心细致的解答。

三年中，我有幸结识了许多同窗好友。王文兵博士一杯茶、一支烟和一本书的淡泊宁静；李金齐博士的人情练达、慷慨助人；刘化军博士的才思敏捷，都给我留下了美好记忆。这里也感谢李志强博士和朴光哲博士，尤其是后者，使我又有了羽毛球高手的感觉。同门师兄刘景钊、师妹张筱蕙、万滋滋、师弟盛卫国都给我提供了很大帮助，在此表示感谢。同班的黄琳博士、任杰博士、白春阳博士、童萍博士、申永贞博士都曾经给予过我一定的帮助。

学术研究像远离闹市的小路，清冷寂寞。感谢我的爱人的理解和支持。读博期间，爱人承担起了所有的家务，尤其是抚育女儿。在最困难的时候，她也总是宽慰、鼓励，没有丝毫的埋怨。刚读博士时，我的小女儿正咿呀学语，而现在已经背起书包上学了，还时不时指责老爸做事很"搞笑"。在最困难、最焦虑的时候，一想起女儿和她的趣事，不由得露出笑容，心境也随之平和。家的感觉真是好啊！

梁 孝

2009 年 3 月 15 日